ホス狂い

歌舞伎町ネバーランドで女たちは今日も踊る

宇都宮直子
Naoko Utsunomiya

小学館新書

ホス狂い～歌舞伎町ネバーランドで女たちは今日も踊る～

目次

プロローグ

「この人が〝私の王子〟です」

そう言ってねねさん（仮名）が紹介してくれたのは、店でも上位のナンバーに入るホスト・紫陽（しよう）くん（仮名）だ。紫陽くんは、「僕、こう見えて、年が結構いっているんですよ～」と、自身が30代半ばであることを明かすが、女優の橋本環奈に似た女顔で童顔のカレは、化粧をくまなく施していることもあり、とても実際の年齢には見えない。

ここは、歌舞伎町の有名老舗ホストクラブだ。

漆黒で固められたインテリアの中央には、宇宙をテーマにデザインされた豪華なシャンデリアが煌（きら）めき、その下には、「日本一」とも言われる店名のロゴが輝いている。

２０２1年9月末、私は「ホス狂い」ねねさんとともに、同店を訪れていた。

「ホス狂い」とは、文字通り「ホスト」に「狂う」こと。歌舞伎町のホストクラブで大金を使う彼女たちは、「私、ホス狂いなんで」と自嘲的にも、またどこか誇らしげにも、「ホス狂い」を自称する。25歳という年齢のわりに大人びているねねさんだが、指名する「王子」の前では、カレの一言一句に耳を傾け、小さな顔をちょこんとカレの肩にのせる。普段の様子から一転、「恋する女のコ」に〝豹変〟するのだ。その日は某民放局の男性記者も同行していたのだが、紫陽くんとほとんど年のかわらない彼に、ねねさんは一瞥（いちべつ）もくれず、渡された手土産のキティちゃんのグッズも「ふ〜ん。ああ、ありがとうございます」と言うと興味なさげに、カバンへとつっこんだ。同じ男性でも、すがすがしいほどあからさまなこの扱いの違いに、私は申し訳ないが、少し笑ってしまった。

　鏡張りの店内では、照明が星のようにキラキラと反射して、歌舞伎町の外ではまず見かけないような、キレイに化粧をした男性たちが入れ替わり立ち替わり、卓から卓へと飛び回る。平日でありながらも、最低店内価格が５万円を超えるであろう「ヴーヴ・クリコ」や、「ロジャー」などのシャンパンの栓がどんどん抜かれて、中には、推定30万円の「エンジェル」シャンパンがあけられている卓もある。そこかしこのテーブルに、従業員が集まり、激しいユーロビートに乗せたシャンパンコールが繰り返されている。豪華な革張りの黒いソファには、まだ若い女のコとホストがぴったりと寄り添うように並び、しっぽりと飲んでいる。ホストとそのコの2人しかいないというのにもかかわらず、彼らのテーブルの上には、銘柄までは見えないが、ブランデーや「シンデレラ」のガラスの靴を模したボトル（推定5万円）、帆船形のガラスの「ラーセンボトル」（推定15万円）など、数種類の瓶がズラリと並べられている。彼女がカレのために、今まで入れてきた「飾りボトル」なのだろう。2人の間に会話はなく、ただ、杯を重ねているだけだ。

かと思えば、別のテーブルでは、どういった関係なのかわからないが40代くらいの和服の女性たちと学生のような20代のコたちの十数人の団体が、数人のホストらとカンパイと一気飲みを繰り返し、派手に騒いでいる。大学のコンパなどでももはや見かけることが少なくなった一気飲みだが、ホストクラブではいまだに日常の光景だ。20万〜30万円ほどの高価なシャンパンも、店内では一瞬で、ホストたちと女性客の胃の中へと消えていく。外界と壁一枚で隔てられたここは、「異空間」だった。

店を出るとねねさんは、外まで送りにきた紫陽くんを、ずっと名残惜し気に見つめ、なかなか帰ろうとしなかった――。

第1章

歌舞伎町ホスト刺殺未遂事件

歌舞伎町に足を踏み入れたきっかけは、3年前の小さな事件にあった。2019年5月23日、マンションの一室でおきた「ホスト殺人未遂事件」だ。

歌舞伎町のガールズバー『ときめきBinBin』の元店長・高岡由佳（当時21歳）が、好意を寄せるホスト・琉月（るな）さん（当時20歳）の腹部をマンションで就寝中に包丁でメッタ刺しにしたこの事件。高岡が逮捕後に供述した「好きで好きで仕方がなかったから刺した」という衝撃的な動機に加え、警察に連行される際に高岡がうっすらと満足気な笑みを浮かべていたこと、彼女が血まみれで横たわる被害者の隣で、太ももあらわに血だらけの両足を放り出しタバコをくゆらせる逮捕前の画像がＳＮＳで拡散されたことから、インターネットを中心に話題を呼んだ。

事件を起こした人物は大きな批判を浴びる一方、連日のようにワイドショーで報じられる故に〝時の人〟となり、犯罪者でありながら異性の「ファン」がつくことがある。

有名なのは２００７年にリンゼイ・アン・ホーカーさん殺害事件を起こした市橋達也（当時28歳）だろう。2年7か月に及ぶ逃走の末、逮捕された市橋はテレビのニュースで流された映像が「水嶋ヒロ似のイケメンだ」と話題となり、公判傍聴から拘置所まで彼を追っかける「市橋ギャル」たちがあらわれた。

2017年に死刑が確定した「平成の毒婦」こと、木嶋佳苗（47歳）にも、逮捕後にファンクラブが結成されたと報じられ、彼女は3度にわたり獄中結婚をしている。「座間9遺体事件」の白石隆浩死刑囚（31歳）にも、婚姻届を持ってやって来た女性がいた。

高岡はこれらの犯人と比べれば、被害者が一命を取り留めたこともあり、罪状はまだ軽い。そのため、大々的に報じられなかったにもかかわらず、移送時のスッピン、メガネにスウェットという姿で笑顔を浮かべた、まるでアイドルのようなルックスが話題になり、ネット上には〈美人すぎる容疑者〉〈あんな可愛い子に好かれて（中略）その後刺殺されても本望〉という書き込みで溢れた。

しかし、それ以上に多かったのが女性からの反応だ。彼女のことを批判する書き込みが大多数ではあったが、中には、「気持ちがわかる」「切ない」と同情的な声も少なからず見受けられた。「私もそうしてしまったかもしれない」と、まるで自分と同一視するような投稿もあった。

市橋は「芸能人レベルのハンサム」、白石は「護送の時顔を覆った指がキレイだった」など「ファン」たちはその容姿に惹かれたという。つまりは彼らについたファンのほとんどは〝異性〟であり、その声は、どこかしら恋愛感情めいたものがほとんどだ。市橋には「減刑してほしい」との嘆願まででたが、あくまでも、「ファン」としての行為であり、彼らのその罪状や人格への「寄り添い」というものはまず見当たらなかった。

しかし高岡に寄せられていたのは、事件を起こしてしまったことと、高岡が相手のホストを刺すに至った心理への寄り添いだった。中には「そこまでの愛を示せるなんてすごい……」と彼女をまるで神格化するかのような書き込みまで見られた。

なぜ、殺人未遂という凶行に走った高岡に女性たちはここまでのシンパシーを寄せたのか。事件記者として、率直に気になった。女性が、痴情のもつれで男性を刺すという事件の内容そのものは、言葉は悪いが、言ってしまえばありふれたものだ。なぜ、高岡だけがここまで女性たちの心を摑んだのか。それは加害者と被害者が「歌舞伎町」の「ホスト」と「客」という関係だったからなのだろうか。

「刺されたホスト」琉月さんの復帰

事件発生から約2か月後の'19年7月1日。被害者である琉月さんはひっそりと店に復帰していた。

〈残念だけどどるな生きて帰ってきたわ。明日も出勤してるから初回指名まってるね〉――。

琉月さんが自ら更新したツイッターには笑顔でポーズをとる彼をバックに「不死鳥るな」と大きく書かれた写真がアップされているほか〈痛みに負けルナ〉〈肝臓刺されたからしばらくお酒のめません〉など、自ら事件をネタにするような内容も散見された。

そのため「生きていてよかった」といった労りや同情のコメントに混じって、「刺した女も悪いが、刺されるようなことをした男にも責任がある」「付き合ってたんでしょ?」「あんな目にあったのにまた復帰するとか頭おかしい」と辛辣なコメントも多く寄せられていた。こうした書き込みに、本人は〈みんなは刺された真実の理由は知らないのですか?〉と反論していた。

当時の私は、琉月さんが投稿している内容すべてが疑問だった。彼がいう「真実」とはなんなのか。そして、なぜ彼は、「事件」から2か月足らずで、生死をさまよう重傷を負った「現場」へと戻ってきたのだろうか。

私は、琉月さんに話を聞くべく、彼が勤務する歌舞伎町のホストクラブ『FUSION-By Youth-』へと向かった。ホストクラブに入るのは、約15年ぶりのことだった。

店の営業時間は朝6時から。大音量のユーロビートとともに、「いらっしゃいませ!!!」とホストたちの野太い声がかかる。店内ではまだ早朝だというのに、20代前半と思しき女性たちが、お気に入りのホストたちと楽しそうに酒を酌み交わしている。

久々に足を踏み入れたホストクラブは、ホストたちもカジュアルならば、お客として来ている女性たちも派手でキレイなお姉さんや、ゴージャスなセレブマダムたちではなかった。一目すると何で生計をたてているのかわからない、若いが、大学デビューしたてのようなあかぬけない女のコたちが多い。イメージしていた「歌舞伎町のホストクラブ」とはちょっと雰囲気が違う。

「はじめまして」といって現れた琉月さんは、折れそうなほど線が細く、表情もまだあどけない。声も小さく、ポツ、ポツとささやくようにしゃべる。服装もダメージジーンズにシャツというラフなもので、ＳＮＳでのアグレッシブな姿からは想像がつかないほどに幼く見える「ハタチの男の子」だった。

琉月さんは「肝臓を刺されたから……」とはにかみながら、卓に並んだコーラの瓶をどんどん開けていく。その合間にお酒を運んだり、会話を盛り上げようと笑い声をあげるが、やはり、復帰直後ということがあってか、どこかぎこちない。

ある程度場が温まったところで、琉月さんに「取材として話を聞きたい」ともちかけると、琉月さんは、ちょっと困惑したような表情でキャッシャーへと向かい、数分して上司だという同店の幹部ホスト・光琉（みつる）さんを伴い卓へと戻ってきた。光琉さんは同店のホストの中では少したたずまいが違い、年齢は30代半ばか。長身に長髪の黒髪、三つ揃えのスーツ姿という、昔ながらのホストの雰囲気だ。眼光するどく、いかにも「百戦錬磨の歌舞伎町のホスト」といった様子で、この人がお目付け役で同席するのであれば、質問を遮られたり、ＮＧを出されたりと、チェックも厳しいのだろうな……と、気をひきしめ直した。

琉月さんも、信頼する「上司」が同席したことにより少しリラックスしたのか、ポツポツと当時のことを語り始めた。

「意識を取り戻すまで5日間かかりました。医療が進歩していたから回復したものの、助かる確率は2割程度だったそうです。最初は声が出なくて話すこともできず、寝たきりだったから、しばらくはひとりで歩けなかったし、事件があってから食べられなくてかなり痩せてしまって……刺されたときのことを思い出したり、これからどうするかを考えたりすると不安と恐怖で眠れなくなってしまい、カウンセリングにもかかっていました」

今回の件で取材を受けることが初めてだからだろうか。まだ刺されて生死をさまよってから間もない万全ではない体調ということもあってか、琉月さんは、言葉がうまく出てこなかったり、途中で考え込んだりすることが多かった。

刺された時のことを聞くと、一呼吸おいて、「とにかく、すごく、すごく、痛かった」という。「痛い」「苦しい」というフィジカルなこと、「怖かった」という根源的な感情に関してはすぐに言葉が出てくるのだが、もっと細かい、琉月さんが当時彼女に対して「どういう気持ち」で、「どう接し」、「それはなぜだったのか」、そして、彼女について、「どういう出来事があり」、「その結果気持ちがどう変わっていったのか」など、話が細かい感情の機微に及んでくると、とたんに、返答につまるようになり、「うーん……」と黙って、「それは、どういうことですか？」と聞き返してきたりする。

「すごく怖い思いをしたから、事件直後はホストを辞めようと思っていました。だけど自分には、ここしか戻る場所がなかった」と琉月さんは明かし、話は、これまでの自らの半生に及んだ。

「親がいなくて施設で育って、7人いる兄弟とも音信不通だから、この店の先輩たちが初めてできた家族みたいな感じだったんです」

「あのコにも僕を刺す理由があった」

琉月さんは1999年、栃木県那須烏山市で生まれた。一家が離散したのは小学生の時だった。兄弟は別々の施設に預けられ、中学を卒業後は建設関係の職人として働くも、人間関係がうまくいかずに退職し、一時期は家もお金もないホームレスになっていたという。

そんな彼を〝拾って〟くれたのが、同席している光琉さんだった。

「光琉さんは去年（'18年）の11月、面接に行った時から、すごくよくしてくれて、ご飯を食べさせてくれたし、寮にも住めるようにしてくれた。入院中には同僚たちと一緒に毎日お見舞いにきて、〝お酒が飲めないなら俺たちが代わりに飲んでやる〟って言ってくれて、もう一度戻りたいなって思いました」

隣では、光琉さんが心配そうに見つめたり、ときには神妙な面持ちでうなずいたりしているものの、話の途中で自分のスマホに見入ったりと、第一印象とは違い、何か、どこかがズレている。光琉さんは、琉月さんの話にあいづちをうちつつ「うちなんて三流店です。恥ずかしい話ですが、僕も、お客さんに〝掛け〟（※売掛。ツケで飲食をすること）をトバれたことがありますから……」と自嘲する。

琉月さんは何度も「この店で初めて〝自分の居場所〟ができた」と繰り返す。高岡とのことについて聞くと、無言で考え込んだのちに、「あの子の中にも僕を刺す理由があったと思う。ホストを始めて1年足らずの僕が営業成績を出せたのはやはり彼女のおかげでもあった。そういった彼女の〝頑張り〟に、僕が報いていなかったのかもしれません……」と振り返り、「恨みはない」と話すのだった。

事件をきっかけに琉月さんの人生には、大きな変化が訪れていた。

「病院に運び込まれたあと、連絡先がわからなかったことから、警察が肉親を捜してくれたんです。それで、音信不通だった兄と姉に会うことができました。5年ぶりに会った2人は、全然変わってなくって〝生きててよかった〟って、言ってくれました。今後は兄や姉と連絡が取れるようになったのは、すごく嬉しい」

取材後、琉月さんに「傷を見せてもらえないか」と聞くと「写真はだめですが……」と、微笑みながら、シャツをまくりあげた。体に十文字状に走った傷は、縦は正中線にそって胸の真ん中からへそ下まで、横は下腹部を横断するように切られている。深く刺された肝臓部分は、まだ大きくへこみ、縫合のあとが赤いみみず腫れになっていた。

明るい笑顔に反して、傷は想像以上に大きく痛々しいものだった――。

ホスト復帰後、ワイドショーなどに出演した琉月さんには「刺されたことを利用している」「どうせ刺されるようなことをしていたんだろう」と、SNSを中心に大バッシングが巻き起こった。ただ、琉月さんにも偽悪的なところが多々あり、「こんど来るときにはお弁当を作ってきてほしいな」と、あどけない様子を見せ、取材には「男女関係は決してなかった」と言い切っておきながら、インスタライブでは「(高岡と)寝てました」と笑いながら明かしたり、〝枕(※客と肉体関係を持つこと)ホスト〟をアピールしたりと、迷走しているようにも見えた。琉月さんにしてみれば、自ら事件を逆手にとり「炎上商法」をしかけたつもりなのだろうが、まだ幼さの残る彼には、それは手に余っているように見え、ときには、私に声を荒げて「なんで、俺、そこまで叩かれるのかなぁ。俺、被害者なんだよ?」と話すこともあった。

「被害者は一体誰なのか」痛々しすぎた初公判

取材後の裁判もまた、痛々しいものだった。

事件から約半年が経った同年12月3日。東京地方裁判所で高岡の初公判が開かれた。その日は雲一つない快晴で、コートを着ていると汗ばむような暖かい日だった。朝9時すぎ、地裁前には傍聴券をもとめる長い列ができていた。

東京地裁818号室に入ると、後ろの席には、ロングの茶髪にパンクロッカーのようなスタイルでキメた、琉月さんの店の店長・柊(ひいらぎ)さんが腰を下ろしていた。しばらくしてドアが開き、白いトレーナーに高級そうなダメージジーンズのいかにもホスト然とした背が高い男性が入ってくる。店のオーナー・相澤直樹氏だ。相澤氏は、被告人親族席に座ろうとすると、「そこじゃない」という風に係員に促され、苦笑いしながら別の席に着いた。

午前11時。公判が開廷した。

法廷に現れた高岡被告は、セミロングの茶色い髪をおろし、大きな眼鏡に黒いスーツ、薄い水色のブラウスというスタイル。終始うつむき気味で、起訴内容を蚊の鳴くような声で、「間違いありません」と認めた。

琉月さんも、証人として出廷した。あくまでも清楚で反省しきりの様子の高岡に対し、琉月さんはシルバーアッシュに染めた髪の毛に、片耳には大きなピアス、目にも鮮やかな紫色のパーカーという〝歌舞伎町仕様〟だ。琉月さんが法廷に入ってくると傍聴席からは高岡被告が入廷した時よりも、はるかに大きなどよめきが起きた。

証人尋問で裁判官から、「職業は」と聞かれると琉月さんは間髪いれず、「ホストです」と答える。場内にはまた、ざわめきが起きた。

琉月さんがこの初公判に向けて、何か対策や準備をしていたとは、入廷したときの服装からしても思えない。彼は検察や、高岡の弁護士に問われるままに、素直にありのままの回答をする。たとえば、こうだ。

——肉体関係はあった？

「はい」

——付き合ってはいた？

「いませんでした」

——肉体関係はあっても、付き合ってはいなかった。それでも一緒に住む約束はしていた？

「はい」

——高岡さんは月にどのくらい使っていた？

「数百万円です」

聞かれるがまま、高岡のおかげでナンバーワンになれたこと、高岡が事件を起こしてからは、その座を失ったこと、通常の治療費のほか、後遺症が出たり、他の治療に費用がかかる場合は、その分も支払うという取り決めを交わしたことなどを話すのだ。

琉月さんは、ただ、質問されたことに答えただけにすぎない。

しかし「夜の常識は昼の非常識」という言葉がある。いわゆる「夜職」といわれる水商売の世界での「社会通念」は昼の世界では通用しないという意味だ。琉月さんや、傍聴に来ていた彼の〝上司たち〟にとっては当たり前のこととなっているのであろう「若い女性が男性ホストにひと月、百万単位の大金を貢ぐ」ことや「肉体関係があっても〝交際〟をしているわけではない」「だが、一緒に住む」ということは、歌舞伎町の〝外〟の人間である、法廷の傍聴人たちや、裁判員裁判の一般裁判員には驚くべき内容であり、〝受け入れがたい異様なこと〟なのだ。そして琉月さんは、おそらくそのことに気付いてはいない。しかしすでに法廷内には、ただ、うなだれる高岡に同情的な雰囲気が漂っていた。

最後に琉月さんは、減刑を求める嘆願書を提出していること、500万円の示談金及び被害者との接見禁止、歌舞伎町に近寄らないことを約束し示談が成立したことを明かした。

証人尋問を終えると、琉月さんは法廷を出た。

午後1時15分からの公判では、証人として高岡の母親が出廷した。

高岡の母親は、心労からか目に見えて痩せており、簡素な白いブラウスに黒いタイトスカートという姿で、終始、下を向いている。時には、肩を震わせながら、娘について証言した。

高岡は中国人の母親と日本人の父との間に生まれた。2歳までは中国で暮らし、2歳で来日。同時に帰化して日本人となった。

母親は介護福祉士だ。母親の証言によって、高岡は逮捕から約4か月半後の10月9日に保釈されており、10月28日から秋葉原の専門学校で介護職員初任者研修を受講し、資格を取得したことが明かされた。

その後、再開された被告人尋問では、高岡の弁護人が、彼女に、店に通うために琉月さんには知らせずに、風俗と〝パパ活〟でお金を作っていたことを確認すると、高岡は涙声で事実を認め、「すごくつらくて、すごくみじめな気持ちになりましたが、9月にホストを辞めて一緒に住むということをはげみに頑張りました」と震える声で答えるのだった。

事件が起きたのは5月。当然、約束は果たされていない。次いで、犯行当時、高岡が琉月さんを刺した後、琉月さんが首を絞めて離そうとしたことや逃げようとして玄関へと向かうところを「起き上がって玄関にいくので『行かないで』と追いかけた。彼が腕や足や顔を殴ったり蹴ったりした。その時にコンタクトが外れたので、眼鏡を取りに行きました」と琉月さんを刺した自らも暴力を受けたことを明かしたのだ。

その後、弁護士の「当日（琉月さんと）ＬＩＮＥした。また被害者と肉体関係を持った。セックスにも応じてくれた。それなのになぜ犯行を決意した？」との質問に「当時は何も考えていられなくて、被害者が女とホテルに行ったり、嘘ついたり、殴られたりしたことがあったのと、眠れない、不眠になったすべてが重なって限界になった」と震える声で答えたのだ。

法廷内で琉月さんは、「若くて美しい女性に体を売らせたＤＶホスト」となった。

一方高岡が証言の中で、拘置中には、毎日のように両親が面会にきていたこと、そんな家族への感謝の思い、そして、今後は家族のために生きていきたいと話すと、先ほどの母親の涙ながらの証言も相まって、場内からは、ほう……というため息のような感嘆の声が漏れた。

この公判は、重大な刑事事件の際に国民から選出された裁判員が、裁判官と対等に審理する〝裁判員裁判〟によって行われた。裁判員裁判ではプロの裁判官の経験に基づいた判断と等しく、一般人の裁判員の意見が採用される。つまり裁判の結果は彼らの〝心象〟によって、大きく左右されるのだ。

事件直後の高岡がニュースで見せた「血まみれの姿」や「護送車で満足気な笑顔を見せていた」という「理解しがたい事件を起こした女」の印象は、初公判で彼女が涙声で明かした、当時の辛い心境や、「愛する相手」である琉月さんに対する献身が報われなかったからが故に、事件を起こしてしまった——という「可哀そうな女のコ」のストーリーへと上書きされていった。

「執行猶予、つかなかったんですね」

'19年12月5日。東京地裁818号室では、高岡に判決が言い渡されようとしていた。裁判員裁判で多くの同情をかった高岡は、殺人未遂でありながら「まさかの執行猶予がつくかも」（全国紙社会部記者）とまで言われていた。

綺麗に手入れされたセミロングの茶髪、血の気が引いた白い顔には、黒縁の眼鏡。黒いスーツに身を包んだ高岡は、緊張した面持ちで判決を待っていたが、裁判長から言い渡されたのは「被告人を懲役3年6か月に処す」という実刑判決だった。判決が下されると、高岡はサッと表情を変え、大きな嗚咽をもらしながら、大粒の涙をこぼした。そして退廷の際には、扉の前で、膝をくずし、泣き崩れたのだった。

判決が下った直後、琉月さんに心境を聞きに行くと琉月さんは、「執行猶予、つかなかったんですね……」とつぶやき、大きく肩を落とした。

だが、そんな彼が、唯一、納得がいかない様子を見せていたのが「DVホスト」の〝レッテル〟だ。

「僕がいない間に、裁判ではDVしたっていうことになっていたのは、さすがにショックです。僕が、彼女に暴力を振るったことがあったとすれば、刺されたとき、逃げ回っている間に、彼女の顔に手が当たって、かけていた眼鏡がふっとんだことはありました。でも、こちらは命がかかっている。そこで抵抗しないのは無理じゃないでしょうか。それと、事件の前にもという話は、彼女はよく『これから死ぬ』と自殺をほのめかすことがあった。5月、刺される前に、また『死ぬ』という連絡があって、歌舞伎町内のビルの屋上にいるっていう。行ってみたら本当に飛び降りようとしていたから、彼女を抱きかかえ必死で止めた。その時も、手が当たったり、ぶつかったりということはあったと思う。でも、それが『暴力』ましてや、『日常的にDVを行っていた』っていうことになっちゃうとは……」
どんなバッシングも、たいてい皮肉めいた苦笑いで受け流していた琉月さんだが、この件に関してだけは、どこか、傷ついたような表情を浮かべていた。
判決から2週間後の12月19日。高岡は、控訴期限ギリギリになって、高裁へと控訴した。だが翌年8月6日。東京高裁で下された判決は、懲役3年6か月。彼女の控訴は棄却された。

「夢のように幸せな時間をありがとうございました」

裁判を傍聴している中で強く印象に残ったのは、執行猶予こそつかなかったものの、判決が求刑された懲役5年よりも短くなっていたこと。そして、その背景には琉月さんが「できれば罪を償うような形ではなく、普通の生活を送られるようにしてもらいたい」と減刑を求める嘆願書を提出していた事実があったこと。さらに驚いたのは嘆願書をしたためた理由が「高岡からもらっていた謝罪の手紙」に心を動かされたことだった。

琉月さんに一体どんな手紙なのかと聞いたところ、「とにかく、『ごめんなさい』って。ただ、ただ、謝っていた」という。

執行猶予がつかなかったことを知った琉月さんは、逡巡しながらも「本当のことが伝わるならば」と、簡素な茶封筒に入った高岡からの謝罪の手紙を見せてくれた。

原稿用紙3枚にわたるその手紙には、一マス、一マスごと、マス目いっぱいに、大きく書かれた丁寧な文字で、琉月さんへの思いが綴られていた。

「突然のお手紙でごめんなさい」から始まるこの手紙は、琉月さんの言う通り、ほとんどが、「ごめんなさい」という文字で埋められている。自分の「好きだ」という気持ちから、貴方を苦しめてごめんなさい。傷つけてごめんなさい。ごめんなさい、ごめんなさい、ごめんなさい……と繰り返すのだ。「私が言うことではありませんが、貴方の身体の無事を心から祈っています」と琉月さんの体調を気遣う後にも「（自分が起こした事件で）こんな表現は間違っているかもしれません。申し訳ございません」という文言が続けて綴られている。

そんな、悲痛なまでに繰り返される「ごめんなさい」の文字の中で、目をうばわれたのが「2か月という短い間でしたが、夢のように幸せな時間をありがとうございました」という一文だ。

「私からの手紙なんて心底気持ち悪いと思います」など、拘置所の中で独り、自分自身と犯した罪に向き合いながら書き連れたであろう謝罪の文字の羅列の中で、そこだけがパッと輝くように浮き上がっていた「夢のように幸せな時間」というフレーズ――。

手紙には、二度と琉月さんに近づかないこと。一生をかけてでも、働いて、償っていくこと。償いの形は、お金しか思いつかなかったことなどが立て続けに綴られ、最後は「いままで沢山、ありとうございました。本当に申し訳ありませんでした」の文言とともに、手紙がしたためられた「令和元年6月9日」の日付と、本人の署名で締められていた。

「ごめんなさい」と何度も謝罪を繰り返す中で、彼女が書き記した「幸せでした」という言葉。21歳という若さで、人を魅了する恵まれた容貌を持ち、これから人生が始まろうというスタートラインの時期に、自分の将来も、人間関係も、家族たちの日常までをも、滅茶苦茶にしてしまった事件のことを拘置所の中で振り返った時に感じたのが「彼と一緒に過ごした2か月は、夢のように幸せだった」ということ——。

公判では、「相手を刺して、自分も死のう」と遺書まで書いていたことも明かされていたが、死をも決意し死にきれず、親を泣かせ、さらにはたくさんのものを失った2か月を、彼女はいまだ「幸せだった」と肯定している。しかし高岡が「夢のように幸せだった」という琉月さんとの2か月は、彼女が歌舞伎町で過ごした時間であり、高岡と琉月さんの関係は、言ってしまえば「ホスト」と「客」だ。

「ホスト」と「客」という特殊な男女関係にも関わらず事件発覚当初から多くの女性たちが高岡に心を寄せた。初公判の頃にも、SNSには高岡を〝信奉〟するかのような書き込みが続いた。彼女たちのツイートをたどって行くと、アカウントのほとんどは、〝夜の街〟の女性たちのものだった。そして、それらのツイートにはもれなく『#ホス狂い』『#ホス狂』のタグがついていた。

冒頭に記したように、「ホスト」に「狂う」ことを表すこの言葉。「ホスト」も「狂う」

も、通常あまりプラスの意味で使われる単語ではない。しかし、SNSでは「ホス狂い」を自称する女性は多く、彼女たちは総じてそれを、誇らしげに名乗っているように見える。「ホス狂い」とは一体なんなのか。そしてこの「ホス狂い」を自称する女性たちは、なぜ、高岡にシンパシーを抱くのだろうか。

判決とともに事件の取材が終わり、世間の注目も薄れていっても、高岡の「夢のように幸せだった」というこの手紙と、それに心を寄せる「ホス狂い」女性たちのことは、頭にひっかかったままになっていた。

'19年は、日本の戦後事件史に名前を残すような、重大かつ凄惨な事件が多く発生した年でもあった。

高岡と琉月さんの事件から2週間もしないうちに起きた、登校中の児童らが通り魔に無差別に殺傷された「川崎登戸通り魔事件」。その5日後には、元農林水産省の事務次官まで務めた上げたエリートが自らの息子を数十ヵ所メッタ差しにして殺害した、「元農水事務次官長男殺害事件」。7月には、戦後最大の無差別殺人事件となる「京都アニメーション放火殺人事件」が起こっていた。日々信じられないような凶悪事件が発生する中で「歌舞伎町ホスト刺殺未遂事件」は、人々から忘れ去られていたように見えた。

だが一方で、「好きで好きで仕方なかった」というフレーズと、事件現場の様子が若い女性の一部の層に「刺さった」のか、事件以降、プリクラの落書機能を駆使して、血まみれで横たわる人物のとなりで、眼鏡にシャツ、タバコをくゆらせながらスマホを見つめるという当時の高岡の姿を「コスプレ」しその写真の上に「好きで好きで仕方なかった」と落書する、事件現場を再現するプリクラが流行した。

映画『岬の兄妹』で注目を浴びた監督の片山慎三氏は、ネットに流れた現場の映像にインスパイアされ、事件をモデルとした『そこにいた男』という短編作品を製作し、話題を呼んだ。

新聞では小さなベタ記事にしかならなかったこの事件は、なぜ、ここまで一部とはいえ女性たちの心を摑んだのか。そんな思いを抱えながらも、週刊誌記者として毎週のように新たな現場に向かう中で日々は過ぎていった。

私が再び歌舞伎町に足を踏み入れたのは、2020年〝コロナ禍〟によってのことだっ

た。

第2章

「人妻ホス狂い」いちごチェリーさん

「ごめんなさい！　ずいぶんお待たせしちゃいましたよね」

２０２２年3月末。暦の上では春分「桜始開」の頃だが、その日は小雨が降り、冬のような寒さだった。約束の時間に約2時間遅れて、待ち合わせ場所である新宿三丁目のビストロにあらわれたいちごチェリーさん（仮名・42歳）は、「や〜、豊胸に思ったより時間がかかっちゃって。すいません」と満面の笑みを浮かべながら、まるで〝出がけにちょっと転んじゃいました〟というくらいのライトなノリで、衝撃的な遅刻の理由を明かした。

いちごチェリーさんは、私が初めて話を聞かせてもらった「ホス狂い」の女性だ。彼女と出会ったのは、コロナ禍の歌舞伎町だった。

クラスター発生　コロナ禍の歌舞伎町

'20年4月7日。世界中が「新型コロナウイルスの感染拡大」という未曾有の脅威にさらされる中、東京都では緊急事態宣言が発令された。都内のアルコールを提供する飲食店には休業要請が出され、小池百合子都知事はクラスターの発生元として「ナイトクラブ」をあげた。

そのため、その頃の歌舞伎町にあるキャバクラ及びホストクラブは軒並み、シャッターを下ろしていた。その後約2か月して東京都の緊急事態宣言は解除されたが、ホストクラブは休業要請解除の対象には入っていなかった。小池都知事は変わらず「夜の街での感染者の増加」を声高に繰り返し、会見でも「夜の街へは行かないでください」と呼びかけ続けた。しかしそれでは、生活もままならない。こうなってくると、当初は店を閉めていたホストクラブも、こっそりと営業を再開し始める。女性たちもまた、再開した店に通い続けることとなった。

人が集まれば、それだけ感染者も増えてゆく。6月6日、東京都は集団感染が確認されたうちの12人が同じホストクラブの従業員だったことを発表した。歌舞伎町ホストクラブは「夜の街クラスター」の震源地と名指しされたのだ。そんな中で私は『週刊ポスト』編集部から「〝それでもホストクラブに通う女性たち〟の現状を取材してください」との依頼を受けた。

当時、歌舞伎町は、しかもホストクラブはワイドショーなどで名指しで「悪の温床」として世間から糾弾されていた。以前に取材したことのあるホストクラブや、知人のつてをたどり声をかけたが、いくら「店の名は出さない」「写真も使わない」という条件を話しても、「店は開けているのですが、やはり今、記者の方が来るというのはちょっと……。お客さんを紹介することもできかねます」とのこと。途方に暮れてふと思い出したのは、高岡の事件を取材していた時のことだ。あの時、SNSでは女性たちが、高岡への共感とともに自分と〝担当〟（自分が指名しているホストのこと）との関係を書き込んでいた。今回もツイッターを見てみると、「この緊急事態宣言下でも、自分がホストクラブにいかにのめりこんでいるか」「〝担当〟にいくら使ったか」などを、赤裸々に書き込んでいる。しかし彼女たちに話を聞こうと、DMで接触をこころみるも、一向に返信はなかった。

背に腹は代えられないと、感染対策を厳重にした上で、深夜の歌舞伎町へと向かった。

その頃は第一次緊急事態宣言があけたばかりの上、繰り返しにはなるが歌舞伎町は日本中から「悪の温床」と名指しされている真っ最中だ。そのためか、歌舞伎町一番街の入り口あたりからは、店の明かりも消え、人通りもなかった。初めて見る、歌舞伎町のメイン通りの暗さだった。しかし、セントラル通りの真ん中に位置する「TOHOシネマズ新宿」

横のシネシティ広場・通称「トー横広場」のあたりまで行くと、徐々に人が増え始め、「ホストクラブ通り」までくると、シックなワンピースでキメた女子大生風のコや、黒とピンクを基調とし、厚底靴をはいたゴスロリ風ファッションの女のコなど、思い思いのおしゃれをした女性たちが街に溢れ、お気に入りの店へと入っていく。

ホストクラブが多く入っている「第六トーアビル」は少し前に何人もの女性が飛び降り「呪われたビル」と言われているいわくつきの建物だが、このビルの下では、大きなスーツケースを抱えた若い女性の集団と、顔なじみらしきホスト男性の集団が談笑していた。

彼女らに話を聞こうと声をかけるも、あからさまに「取材者」である私の様子にみな、けんもほろろである。何組にも声をかけ続けるも、「結構です」と足早に去って行く。考えてみれば当たり前だ。私は、歌舞伎町を「悪」と糾弾しているマスコミ側の人間だ。普通に声をかけて、ニコニコと答えてくれるとも思えない。

街の中心地である風林会館の前にくると、道行く女性たちに、〝外販〟と呼ばれる客引きの男性が「ホストクラブどう？　初回は安いよ！」と呼び込みの声をかけている。〝初回〟とは、その店に初めて行くこと。そこで気に入られれば後々、大金を使う「太い」客になる可能性もあるため、だいたい初回は飲み物付き・時間制で一人3000円から5000円ほどと、通常よりはかなり安い値段が設定されている。ここはひとまず、初回でホストクラブに入り、ホストクラブの今を見てみようと、風林会館の前を行ったりきたりして、声をかけられるのを待ったが、30分ほどウロウロしても、私には声がかからない。それどころか、外販の男性と目をあわせようとすると、あからさまに視線をそらされる始末だ。そうこうしている間に午後10時を回り、締め切りまでの時間はどんどん差し迫ってくる。業を煮やして男性に「ねえ、初回行きたいんですけど、なんで私だけ無視するんですか⁈」と声をかけると、彼は、伏し目がちに「だってこんな時だから……。覆面警官か、都の見回り職員の抜きうち検査かと思って……」と答える。

確かに、その日の私は「八王子の男子高校生が3Dプリンタで製造された拳銃で自殺した事件」の取材帰りで、スーツにスニーカーといういでたちだった。歌舞伎町の「ホストクラブ通り」では、異物であり、完全に浮いている。

男性に「どういったお店がいいですか？　ワイワイ騒ぎたいですか？　それともシックなほうですか？」と聞かれた。「シックで」と答えると、初回5000円の店を紹介してくれた。歌舞伎町では中堅のグループの店だ。

紹介された店は、雑居ビルの5階にあった。店に入ると、まず検温だ。それから手に念入りに消毒液をかけられる。マスクの上からさらにフェイスガードをしたキャッシャーの男性は「うちは感染対策には相当気をつかってますから」と自信満々だ。店内にはすでに2組の客が入っていた。広い店なので、卓と卓の間は広くとられている。しかし、ホストはお客さんの隣にピタリとついて座っている……。両方の卓からは、「キャー！」とかなり酔ったような女性の嬌声が聞こえる。

歌舞伎町のコロナ対策

初回客である私の真向いに、ホストが座った。テーブルの上には感染対策のために、高級グラスではなく、ビニールの使い捨てカップが置かれている。だが、お酒を作るマドラーは、同じものの使いまわしだ。接客するホストは、当然、マスクなし。

隣同士ではなく対面の席とはいえ、距離も近い。初回の場合、目の前の客になんとか指名してもらおうと、たくさんのホストが目まぐるしく席に着く。ホストたちの年齢層は下は19歳から、上は40歳手前くらいか。北海道から出てきて、19歳になったばかりだというチハルくんは、「郵便局で働いてたんですけどぉ、2月にぃ、仕事を辞めて、ホストやろうと思って、歌舞伎町にきたとたん、こんなことになって参っちゃいましたよ～」と屈託なく笑う。5分おきくらいにホストたちが交代し、そのたびにまた、一から自己紹介だ。まどろっこしくなり、中でも一番話が通じそうな30代半ばくらいの幹部ホスト「タカオ」を場内指名して、ゆっくりと話すことにした。

すると、指名が入ったとたんに、タカオ氏は、満面の笑みで「お隣いいですか？」と頬もふれあいそうな距離までにじりよってくる。ソーシャルディスタンスとは一体何なのだろうか、と思いつつも、クラスターの震源地とまでいわれている中で、営業していて大丈夫なのか、感染が怖くないのか、などを矢継ぎ早に質問した。

タカオ氏は「こうなってしまうと、女の子は、店以外で個人同士でホストと会うわけにいかないですから、息を抜く場所がないじゃないですか。うちは、『一定の距離をとる』ことや、『マスクの着用』『回し飲みはしない』『毎日の店の徹底的な消毒』など、対策には十分気をつかっていきます。実際、検査をしていますが、陽性はでていません。区や他の店と連携して感染防止を進めています」と答えると、私の疑いのまなざしにちょっとムッとした様子でジンロのウーロン茶割りを飲み干すのだった。

入店して1時間ほどした頃だろうか。時間は12時前だ。突如店内が暗くなり、激しい音楽が鳴る。バラバラの卓についていた従業員が、ひとつのテーブルに集まり立ち囲む中、シャンパンクーラーに入れられたシャンパンがしずしずと運ばれてくる。「こちらの姫から!」「いただきました!」「素敵な姫様! 姫様と! キョウヤ主任に乾杯!」と「シャンパンコール」がはじまった。ホストクラブでは、指名ホストを〝担当〟と呼ぶように、指名客の女性のことは〝姫〟と呼ぶ。担当はまだわかるのだが、店内で連呼される「姫!」「姫!」には、なかなか慣れない。ましてや自分が、「〇〇(ホスト)さんの姫様ですか?」と聞かれた日には、「いえ、指名はその方ですが、〝姫〟ではないです」と真顔で答えてしまう。

シャンパンコールは、シャンパンが入ったテーブルにその店の従業員たちが集まり、場を盛り上げるために行うパフォーマンスだ。シャンパンはどんなに安い物でも3万円以上と高価な上に、一度あけたらボトルキープができず、すぐになくなるため短時間で一気に売り上げを上げることができる。そのために、入れてくれた〝姫〟へのお礼として、また、〝姫〟側としては、他の姫にシャンパンを入れたことをアピールするため、とにかくド派手にパフォーマンスが行われる。「高い銘柄を卸すと、コールの時間が長くなる」という店もあるそうだ。

以前も取材で何度か、シャンパンを入れるテーブルに同席したことがあるが、オーダーが通ったとたんに、従業員があつまり、卓上のフルートグラスに客と、担当ホストの分のシャンパンを注ぐ。あとは、「グイグイ！　グイグイ！」という一気コールのような掛け声とともに、卓を囲んだ従業員たちにより、あっという間に飲まれていく。すごい速さで空になった数万円のシャンパンの瓶を前に「え……客ってこれしか飲めないの……？」と呆然とした。

ある日のシャンパンコールでは『ザ・ブルーハーツ』の名曲『リンダリンダ』の替え歌で『ビンダビンダ～♪』というメロディーに合わせ、指名された従業員たちが、瓶に口をつけて回し飲みをしていたこともあった。瓶から直の回し飲みは、さらにシャンパンを空にするスピードを速める。これは、歌舞伎町では有名な〝ビンダ〟といわれるパフォーマンスで「コールにはつきもの」だという。もちろんゆっくり味わいたい客には、そのようにさせてくれるのだろうが、そういった客はわざわざ歌舞伎町のホストクラブまで来て、一般価格の5倍から10倍はするシャンパンを頼まず、レストランなり、バーなり、自宅なりでゆっくりと楽しむのだろう。歌舞伎町のホストクラブでのシャンパンの役割は、きっと、〝外〟とは違うものなのだ。ただ、酒好きの私としては、どうしても、「生産者がこの光景をみたら、どう思うだろうか……」などと、考えてしまうのだった。

「こんな時こそ〝本当の姫〟になれる」

その日のシャンパンコールでは、コロナ禍の中だからだろう、〝ビンダ〟は見られなかった。しかし、ホストたちのマスクはいつの間にか外れていた。卓で入れられたシャンパンは、きちんとは聞き取れなかったが、有名な銘柄で、高価なものだったようだ。その証拠に、シャンパンを入れた〝姫〟にマイクが渡されると、受け取った女性は呂律がまわらない様子で「え……と、今日も頑張りました！　でも、ゆか、明日も頑張ります！」といい、それに応えるように従業員一同からは盛大な歓声があがった。とにかく歌舞伎町では、ことあるごとに、男女とわず〝頑張る〟と口にする。〝姫〟のマイクが終わると「従業員、解散！」の合図とともに、ホストたちはてんでばらばらに、もと着いていた席へと戻っていったが、ゆかとキョウヤの卓には、まだ4人ものホストが残り、コールが鳴り響いている。

気が付けば店内には客が増えており、ほぼ満席に近い状態だ。女性は、グループ客もいるが、1人客が目立つ。閉店時間が近づいていることもあってか、どの卓でも一気を促す「コール」が響いている。

12時40分を過ぎた頃、キャッシャーの男性が各テーブルをまわり、それぞれの卓から伝票が回収されていく。そろそろ「ラストソング」、通称〝ラスソン〟の時間だ。

その日、一番売り上げをあげたホストが閉店前にカラオケで好きな曲を歌うことができる「ラスソン」は、ホストにとっても、姫にとっても名誉なものだという。担当にラスソンをとらせるために、ラストオーダーギリギリに高額なボトルやシャンパンを入れる姫もいるそうだ。最後の最後に、その日の売り上げを塗り替え、自分の〝担当〟に「ラスソン」

をとらせようという作戦だ。

その日のラスソンは、さきほどの「シャンパンコール」卓のキョウヤが獲得した。キョウヤは、Ｊ-ＰＯＰのバラード風ラブソングを歌っていた。歌はシャンパンコールの金額に見合うくらい、ものすごくうまいのか、といえば、そうでもない。ちょっと上手な大学生のカラオケといったくらいか。歌が終わると、「だって、ゆか、〝頑張った〟もん！」と女性が叫ぶ声が聞こえた。

照明がついても、閉店の気配はない。ようやく客が帰りだしたのが、1時15分頃だ。指名ホストが女性の荷物を持ち、一組ごとにエレベーターに乗る。ビルのエントランスに降りると、女性たちとホストは、抱き合いそうなくらいの至近距離で、別れを惜しむのであった。

この時間になると、さっきまでどこにいたのだろう、と驚くほど街には人が溢れている。「メトロプラザ2ビル」前で、つぶれて眠る若い女性。コンビニの脇で、ストロングゼロのロング缶をストローで飲みながら、誰かを待つ女性2人組。そのコンビニ前が定位置の移動ケバブ屋には、常連らしき外国人男性と、これもまた、仕事帰りのホストたちが夜食を求めて並んでいる。酔った女性を介抱しながらタクシーにのせるホストに、営業が終わったあとの店外デートである〝アフター〟に向かうのであろうホストと女性たちのグループ……。

もともと、歌舞伎町のホストたちは、コロナ以前から、黒いマスクを好み、よくつけていた。女のコたちもそうだ。そのため、歌舞伎町内での「マスク着用率」はほぼ１００パーセントだ。だが、マスク以外はお互いの距離も近く、コンビニの前では、当たり前のようにマスクをあご下まで下げ、路上飲みが行われている。

彼らはどう見ても、真剣に感染対策をしているようには見えず、コロナは他人事で、自分たちは絶対に感染しないのだ、とでも思っているようだ。その頃はまだ新型コロナウイルスがどういうものか、今以上にわかっておらずワクチンも開発されていなかったにも関わらず、だ。彼ら、彼女らは新型コロナへの感染が怖くないのだろうか。

メンズエステ従業員・マユミさん（仮名・22歳）に、直球で聞いてみた。すると彼女はこう話してくれた。

「こんな時だからこそ、担当を助けてあげなきゃいけないと思ったんです。普段だったら、私よりお金を使う〝姫〟も、私よりキレイで華やかな〝姫〟もたくさんいる。だけど、彼女たちはコロナに感染することを避けてお店に来なくなる。そんな中で私がいつもより頑張れば、担当にとって特別になれると思ったんです。私は、そんなにシャンパンをポンポンあけたり、高いボトルを卸したりはできないけど、1回5万円いかないくらいを目処に、とにかくたくさん通えるよう頑張った。ホストは売り上げだけじゃなく『指名本数』という何回指名されたかを競う成績もあるんです。担当から『頑張ってくれてありがとう。こういう大変な時に助けてくれるのが〝本当の姫〟なんだよ』と言われた時は、涙が出ました」

感極まった様子で話す姿からは「コロナの怖さ」ではなく、むしろ、「この異常事態により担当との距離が縮まった嬉しさ」だけが伝わってきた。

姫たちだけではない。あるホストは私にこう話した。

「実際、家賃や従業員の給料を考えたら店を閉めるわけにはいかないということもあるのですが、コロナでむしろ、売り上げが上がった店舗もある。女の子たちが通常時よりも頑張り、開店以来の収益があったそうです」

「初回」でホストクラブにもぐりこむという、歌舞伎町への〝直撃取材〟により『週刊ポスト』の記事は何とか形になった。しかしこの時の歌舞伎町の住民たち、そして「ホス狂い」女性たちの「よそ者」に対する、とことん排他的な姿勢は、私の中で忘れられないものとなった。

実際に取材をしてみるまで、この緊急事態宣言下、しかも、クラスター発生中で感染状況がおさまらない中、歌舞伎町のホストクラブに通い詰めている女のコがこんなにいるということは、正直、信じられなかった。しかし、蓋を開けてみれば、明かりの消えた路地の薄暗い雑居ビルの扉の向こうには、以前とかわらず、ホストたちと、彼らを支える女のコたちがいる。

感染リスクをものともせずに命の危険を差し置いても、担当のために〝頑張りに〟いく、女のコたち。そして、思い返せば、まだ21歳という若さで、これからの自分の人生をゼロにする「殺人未遂」を犯していながら、犯行後に「相手が〝好きだ〟といってくれて幸せだった」と供述していた高岡。そして、逮捕後に琉月さんに宛てた手紙にあった「夢のように幸せだった2か月」という言葉。傍から見たら、相手に殺意まで持って、さらに実行に移すという状態は「地獄」としか思えない。

そんな高岡に自分を同一視するほどの共感をよせる「#ホス狂い」の女性たち。一体、彼女たちを突き動かすものはなんなのか。なぜ、彼女たちは、自分自身の未来や、果ては命を賭してまで、この街へ通うのだろうか。

「歌舞伎町は誰をも受け入れる街」だという。しかし、それはあくまでも内部に入った人たちだけに向けたもので、外部の人間に対しては、徹底的に冷たい。それは、自衛の面もあるだろうし、観光気分で生活圏を荒らされることの嫌悪感も大いにあるのだろう。

また、歌舞伎町に通う女のコの中には、親・兄弟はもちろん、「歌舞伎町外のコには今の自分のすべては話していない」というコが多い。確かに、SNSの「ホス狂い」の女のコたちもプロフィールに「同業・夜職の女のコ以外お断り」と書いているコがほとんどだ。理由はホストの営業や、スカウトからの煩わしい「接触」を避けることがメインだろう。だが、その中には、自分たちが現在の人生のすべてを捧げているホストたちや、そのためにどうやって稼いでいるかという時間を、その世界をまったく知らない人間たちに「冷やかし半分」に、食い散らされ、消費されるのではないかという、マスコミをふくめた、外部に対する不信感があるのではないか。

そもそも、十数年前には、地位や名声がある女性がホストクラブに通うことは、一種の「ステイタス」として見られていた。しかし、反面、影では「あの人、ホスト好きじゃん……」とヒソヒソささやかれてもいた。そういった傾向は、現在でもまだ変わっておらず、ある大物女優がホストクラブで豪遊したことはすぐさまニュースとなった。しかし例えばもし、元ジャニーズの手越祐也ら男性タレントがラウンジやキャバクラで遊んだところでニュースとはならないだろう。

つまりはそれほど、未だに、女性がホストクラブで男性に大金を払って接客を受けるということは、まだ世間的には「特殊なこと」として扱われているのだ。ましてや、それが「コロナ禍の歌舞伎町」とくれば、関係者の口が堅くなるのも、当然のことだろう。

知人の政治ジャーナリストの口癖は「その土地を知るには、まずは住んでみないと」だ。番町に高級マンションを構えながら、「奈良県の現状を知るために奈良に部屋を借りた」

と聞いた時には、驚いたものだ。彼女は、その土地に通うのではなく、その地の水を飲み、同じスーパーで買い物をして、その土地の人々と同じ生活をすることから始め、その場所そのものを理解しながら、徐々に信用を培っていくのだという。

歌舞伎町も同じなのかもしれない。コロナ禍の中でも歌舞伎町に通い続ける女性たちはどこに魅力を感じて、この街へと向かうのだろうか。この街が見せてくれる「夢のような幸せな時間」とは一体どんな時間なのか。

'21年5月。私は意を決して、最低限の荷物をまとめてタクシーへと乗り込み、歌舞伎町へと向かった。とりあえずは、歌舞伎町の真ん中に行ってみるか、と、旧コマ劇場前広場・現「TOHOシネマズ」のすぐ近くに建つ「アパホテル　新宿歌舞伎町タワー」に居は決めていた。

未成年同士の飛び降り心中

私の歌舞伎町での生活は「アパホテル新宿歌舞伎町タワー」で始まったが、すべり出しは順風満帆なものとは言い難かった。住むぞと決め、約1か月分の宿泊代を振り込んだ6

時間後の5月11日、午前4時。「アパホテル　新宿歌舞伎町タワー」から14歳の女子中学生と18歳の男子専門学校生が「飛び降り心中」をするという痛ましい事件がおきた。翌日、この件は朝から何度も報じられた。まさかこれから自分が長逗留する予定のホテルが、ニュースの現場になるとは思わなかった。やるぞ、といさんで申し込んだ矢先に、現場としてテレビに映っているのは、どう見てもこれから、自分が住む予定の場所だ。

事件現場に行く機会は多々あれど、自分が、その現場の規制線の内側で暮らした経験はさすがになかった。「これが歌舞伎町の洗礼か……」と、一瞬、怯んだ。しかし、この街を知るための第一歩はここに住むことのほかにない。専門学校生だった彼は、なぜ、中学生の彼女との死を選んだのだろうか。

様変わりしていた〝令和〟の歌舞伎町

ホテルが立つのは、旧コマ劇場前こと、「TOHOシネマズ」横の通称「トー横広場」だ。ここには'20年夏頃から、10代の若者たちが集まるようになり、いつしか「新・10代の聖地」と呼ばれるようになっていたが、その一方で広場に集まる若者・通称「トー横キッズ」による事件が表面化してきた時期でもあった。

事件から2日後、チェックインのため同ホテルに行くと、2人が飛び降りた駐車場前の規制線は、すでに撤去されていた。ホテルの客たちは何事もなかったようにせわしなく出入りする。14歳の彼女が飛び降りたという23階のすぐ上の大浴場では、つい最近、そこから人が飛び降りたということを気にする様子もないルームウエアの男女が朝から、気持ちよさげに入浴している。〝トー横広場〟では、平日の昼間から、ホームレス風の老人もまじえた、中年の男女のグループが、地面に座って酒を酌み交わしていた。

これまで、さまざまな事件の取材をしてきたが、現場となった場所には関係者や、事件に強いシンパシーを感じた人たちにより、花や飲み物、お菓子などの供物が手向けられているものだ。だが、私が到着した日には、事件発生からまだ2日と日も浅いにもかかわらず、ここには、花の一輪も供えられておらず、手を合わせる人の姿もない。事件の痕跡をうかがわせるものはまったく見当たらず、「未成年の飛び降り心中」というセンセーショナルな出来事の直後とは思えない「日常の光景」が広がっていた。

歌舞伎町には年代も国籍も多種多様な人々が溢れているが、街の〝主人公〟はやはり、「ホスト」と「女のコたち」だ。

ＪＲ新宿駅東口を出て、「スタジオアルタ」隣の道を真っすぐに進み、靖国通りに出ると、赤いネオンに彩られた「歌舞伎町一番街」のアーケードが見える。横断歩道をわたり、アーケードをくぐると、〝日本最大の夜の街〟新宿・歌舞伎町だ。そのままセントラルロードを直進し、かつては「コマ劇場前広場」と呼ばれていた「ＴＯＨＯシネマズ」横のシネシティ広場前をすぎ、左折したところに、「花道通り」の入り口がある。ここから先が、歌舞伎町二丁目の通称「ホストクラブ通り」だ。

新宿駅から徒歩10分ほどしか離れていないにもかかわらず、街の景色はガラリとかわる。周囲の空白を覆いつくすかのように、ホストたちが並んだ大きな立て看板がひしめきあっている。看板の中で彼らはみな、化粧をし、それぞれのグループごとの「俺たちが歌舞伎町」「職業、イケメン。」「世界一ピュアな色恋」など独特のキャッチコピーとともにポーズを決めている。ほとんどのビルには上から下までホストクラブが入り、まだ日の高いうちから、派手なユーロビートのダンスナンバーが鳴り響いている。そして、「ホスト街」

のすぐ隣は、ラブホテルが軒を連ねる「ホテル街」だ。

道を行く人々も、また独特の雰囲気をまとっている。ブランドもののロゴが目立つTシャツや帽子を身に着けた、カトンボのように細い男の子たち。ツインテールにMCMのロゴの入った、ピンクのリュック。少女が着るような、ビスクドール風のワンピースに厚底靴。取材当時のはやりだったのか、「ドン・キホーテ」のマスコットキャラクター・ドンペンくんがプリントされたTシャツを着た女のコなど、いずれも、歌舞伎町の外ではほとんど見かけることがないのに、町内に足を踏み入れたとたん、まるで制服のように同じような服装で固めた年若い男女で溢れる。

歌舞伎町の周囲だけ、結界が張られているみたいだ。

2000年代ホストブーム

2006年頃にテレビを中心に巻き起こった「ホストブーム」を覚えているだろうか。バラエティやノンフィクション番組ではのちにタレントへと転身する城咲仁をはじめとして、『愛本店』の流星や、『TOP DANDY』の頼朝、『Romance』の陽生など、名だたる「カリスマホスト」たちに密着した特集番組がこぞって流されていた。

テレビドラマでは高級ホストクラブを舞台とした『夜王』（TBS系）が大ヒット。さらには当時大人気だった有名占い師が、老舗有名店のホストに大枚を貢いでいることや、大物女優たちや有名女性歌手らのホストクラブでの豪遊が大きく報じられていた。癒やし系ブームの元祖となった有名タレントと、当時売り出し中だったホストとの年の差交際も発覚。芸能人や著名人とホストたちのニュースは日々、世間を騒がせていた。

駆け出しの新米記者だった私は、芸能ネタを摑むため、毎晩のようにホストクラブへの〝潜入取材〟を命じられた。それほど当時のホストクラブには芸能人が通いつめており、言いかえれば一般人には、まだ無縁の世界だった。

その頃の「歌舞伎町のホスト」といえば、基本のイメージは、高級ブランドのスーツをビシッと着こなし、ギラギラの時計やアクセサリーを身に着けた、いかにも「夜の男」然としたものだった。そして、客の女性も、若い女の子であっても、ピンキー&ダイアンに代表されるボディコンシャスな「キャバスーツ」に身をつつみ、背伸びをして「大人っぽく」見せている子が多かった。

令和の歌舞伎町をじっくりと歩いてみると、「ホスト」と「その客」というものが、当時から様変わりしていることに驚く。ホストたちは「男性」というよりは、一見すると「男の子」、「少年」という呼び名がぴったりだ。彼らは皆、まるで細さを競い合うかのようにガリガリで、昔の「ホストの戦闘服」であるスーツではなく、BALENCIAGAや、GUCCI、Diorなど、ハイブランドのロゴが目立つTシャツやパーカーにダメージジーンズ、それに見るからに質のよいスニーカーをあわせた、相当高額であることはわかるがカジュアルなスタイルだ。昔のホストが、「男性らしさ」を前面に出していたのに対し、今のホストたちはみな、カラーコンタクトを入れ、髪の毛をセットし、顔にはお化粧をほどこし、肌は凹凸なくツルツル、唇はグロスでツヤツヤで、まるで人形のようだ。たとえるなら、ジャニーズや韓流アイドルとも違う、「2・5次元俳優」が近いだろうか。

夜はもちろん朝見ても、昼にすれ違っても、ノーメイクで街をうろうろしている私の何十倍もビッチリと隙なく化粧をしている。一方、女のコたちは、一般的に〝歌舞伎町〟と聞いてイメージするような、体のラインがピタッと出るようなセクシーなキャバ系の服装のコは少なく、ダボダボのトレーナーに生足のまるで女学生のようなスタイルや、ツインテールにリボンを結び、ヒラヒラのミニワンピにニーハイソックスのような「幼さ」を強調するファッションが目立つ。

SNSは〝ホス狂い〟の社交場

大きく変わったのはビジュアルだけではない。以前、ホストといえば、街で声をかける「キャッチ」を糸口として客を摑んでいくのが主だった。だが、2003年に、当時の石原慎太郎都知事により進められた「歌舞伎町浄化作戦」によって、表だってのスカウトやキャッチは禁止となった。それでも、ホストや外販による「声かけ」は絶えなかったが、「家にテレビがない」という若者が増え、YouTubeが市民権を得るようになり、やがてネットとテレビの広告費が逆転した'19年、世相を反映するかのごとく、ホストたちもYouTubeやツイッター、TikTokなどを駆使するようになった。彼らの営業の主戦場はSNSへと移っていったのだ。この変化により、歌舞伎町から遠くはなれた地方に住むコや、まだ店に入ることができない中高生の未成年たちも、ホストたちのYouTub eなどを見て「このホストに会いたい！」「卒業したら指名したい！」と、「会いに行けるアイドル」感覚で、初回指名で来店するというように、営業形態も大きく変わってきている。

SNSが〝主戦場〟なのは客の女のコたちも同様だ。ホスト好きの女のコたちは、ツイッターに集まる。覗いてみると「ホス狂」のハッシュタグをつけて自称する女性たちのアカウントが散見される。彼女たちは競うかのように、高額なシャンパンやボトル、3桁の伝票の写真をアップし、ときには、「何やっているんだろう」と自嘲する。中には、フォロワーが数万人を超える〝インフルエンサー〟や「ホス狂いあるある」で単著を出したツワモノもいる。つまりは、それだけ、彼女たちが発信するものが共感を得るということのようだ。

「#ホス狂い」で検索すると〈担当ぴ（※自分が指名するホストのこと）と喧嘩しちゃった〉からはじまり、〈担当ぴにこんなにつかってしまった〉〈また売掛をしてしまった〉果ては〈担当のバースデーが近いから出稼ぎ（※地方の風俗店に働きに行くこと）にいく〉など、「こんなにお金を使っているの！」、「こんなに彼を思っているの！」と赤裸々に思いを吐露する〝ホス狂い〟たちが集まっている。さながら、ここは「社交場」だ。

彼女たちは、お互いに顔も本名も知らないうちから、ツイッターで交流を深め、胸のうちを相談し、人によっては、リアルでも交流を深めていく。

そんな〝ホス狂い〟の女性に話を聞きたくて、ツイッターのDM機能を使って「取材をさせてほしい」旨のメッセージを送ったが、1年前と同じように、返事は一向に戻ってこない。落胆しつつもまあ、そうだろう、と思ってはいた。

高岡はパパ活もしてはいたが、基本的には歌舞伎町のガールズバーで働きながら、琉月さんへ「貢ぐ」ための資金を稼いでいた。せっかく歌舞伎町にいるのだ。「ガールズバー」には、高岡のような女のコや、もしかしたら、2年前の生身の彼女を知るコがいるのではないか。そう思い、私はトー横広場の脇で、「1時間3000円」の看板を持ち道行く男性客に声をかける女のコに声をかけ、店を回った。

歌舞伎町には、「キャバクラ」に加え、「ガールズバー」と「コンセプトカフェ（コンカフェ）」がある。これらの違いは、キャバクラはお客の隣について接客をするが、「ガールズバー」や「コンカフェ」では、基本的に隣に座っての接客はできないということ。加えて、「コンカフェ」は体操服や、猫耳などの「コンセプト」がウリとなるお店で、秋葉原を中心に広まり、今では歌舞伎町にも進出している。街には、「ワイシャツ一枚」のスタイルの女のコや「サキュバス」をテーマにした、胸と太ももをあらわにした「小悪魔」スタイルの女のコなど、コスプレ会場もかくやとばかりのさまざまな「衣装」に身を包んだ女のコたちが、あるコはぼーっとしながら。あるコは、一生懸命、キャッチに励んでいる。

何軒の店を回っただろうか。ノルマや罰金があるキャバクラとは違い、カジュアルに働ける「ガールズバー」や「コンカフェ」では、歌舞伎町にハマっている、というよりは、「歌舞伎町のほうが時給が高いから」と、横浜や、所沢など、近隣の地方から通っているコが多い。地下アイドルと兼任しているコも多く、ホストクラブには付き合いでいくことはあっても、終電のこともあり、自分から積極的に通うことはないというコがほとんどだ。高岡についても、実際の彼女を知る人には会うことができず、彼女について知らないかと聞いても「ああ、そういった事件もありましたね」という返事が返ってくるばかり。当時の歌舞伎町の女子たちの熱狂を覚えている私には、たった2年前のことだというのに、もう街の女のコたちの関心が「過去のもの」となっているのが驚きだった。

道行く女のコに声をかけても、相変わらずの空振りだ。

私の相手をしてくれるのは、トー横広場前で、平日、休日にかかわらず、酒を酌み交わしている「トー横キッズ」ならぬ、広場で生活するホームレス男性たちを含む「トー横ミドル」たちだけだった。

「住んでみればなんとかなるのでは」という私の思いは、早々に打ち砕かれた。そんな中で、相変わらず取材対象を求めて、DMを送り続けていたところ、唯一「いいですよ」と返信をくれたのが、その後も頻繁に連絡を取り、部屋の行き来をするようにまでなる、いちごチェリーさんだった。

「昭和生まれの人妻おねえさん」

5月中旬。いちごチェリーさんに取材のアポをとりつけた私は、彼女が指定するバーへと向かった。「ホス狂い」を自称するいちごチェリーさんのプロフィールには〈昭和生まれの人妻おねえさん。担当と推しがいてくれるだけでしあわせ〉と書かれている。一日数件、投稿されている内容も〈今日歌舞伎町いっちゃうもんね♪〉や〈本当にちょっとした事なんだけど、でも特別扱いされることって姫の特権だよね。〉など、〈被りは殺す〉〈ホストのいう辛いよりお金をつくるホス狂いの女のコのほうがよほど辛いわ（涙）（涙）（涙）（刃物）（刃物）（刃物）〉などという、他の〝ホス狂い〟たちの書き込みと比べるといたって穏やかなものだ。

待ち合わせは午後2時。昼なお暗い雑居ビルのバーで出会ったいちごチェリーさんは、40代前半。ふくよかな彼女によく似合う、深いブルーのロングカーディガンに、ゆったりとしたチュニックをあわせている。ゆるくウェーブのかかった黒髪をハーフアップにまとめており、化粧もナチュラルメイク。「ホス狂い」という言葉のイメージとはかけ離れている、物柔らかな雰囲気の上品な女性だ。

大抵の「ホス狂い」の女性は取材を断るのに、どうして応じてくれたのかと聞くと、

「歌舞伎町のホストクラブというと、すごくお金がかかるとか騙されるとか、みんな怖いイメージを持っていると思うんですけど、そうじゃないよ、今は、ちゃんとしているところのほうが多いし、そんなにヤバいところじゃないということを伝えたくて……」

と、緊張した面持ちで、取材を受けた動機を明かした。そして、今回の取材の前にこち

らからメールで送っていた質問内容への一問一答を、２枚のＡ４サイズの紙にワードでまとめたものを渡してくれた。私からの質問を「Ｑ」、それに対しての回答を、見やすいようにゴシック体の太文字で「Ａ」として、「私はこう思ったのです」と、「です、ます調」の丁寧な口調で書き入れられた「回答書」は、10問ほどの質問に対して、同じ内容が被ることとなく配慮もされており、かなり時間をかけて作られたものであろうことが推測できる。

私が今まで取材してきた中で、こういった「回答書」を用意してきた取材対象者というのは、名古屋市の河村たかし市長と、〝日本最後の怪僧〟との異名もある僧侶・池口恵観氏のみだ。しかも彼らの場合は、取材時間中、その回答書を読み上げ、「こちらで回答を用意しておいたから、その意向にしたがってほしい」という意図がありありとうかがえた。だが、いちごチェリーさんの場合はそうではなく、まず、初対面の私に、「自分はこういう風に考えている」ことを伝え、お互いのコミュニケーションを円滑にしようという「気配り」で作成されたものだ。そもそも、初めて取材を受けるという人で回答書を準備してきたのは、彼女が初めてだ。彼女のこの行動からは「真面目さ」と「真摯な性格」、そして同時に「手回しのよさ」を感じた。

いちごチェリーさんは既婚者かつ自分の会社を持つ女性経営者だ。会社は夫との共同名義だが、代表はいちごチェリーさんが務めている。夫婦に子供はいない。そういった事情もあってか、彼女は「ホス狂い」を自称できるほど、自分の自由になるお金があるようだった。取材当時はホストクラブに通い始めて、まだ5か月ほど。最初のホストクラブとの出会いもまた、ツイッターだった。

「当時SNSで、世間話をするようなグループがあって、そこで咲夜くん（仮名）という大学生の男の子と仲良くなったんです。やりとりをしているうちに、『実はアルバイトで歌舞伎町でホストをしているんです。まだ指名がなくて……』と、打ち明けられて、じゃあ、行ってあげるよ、となりました。それが、ホストクラブに通うようになったきっかけですね」

会社を経営する前は、観光やブライダルなどサービス業の専門学校で教職についていたといういちごチェリーさんは、教え子たちが経営する居酒屋やレストランなどを応援するために、店に顔を出すということは当たり前のことだった。だから「夜の店」に足を踏み入れることに抵抗はなかったという。

「最初は、義理で1回だけ行こうくらいの感覚だったんですけど、行ってみたら面白かった。歌舞伎町でも、そこそこ有名なグループの店だったので、先輩ホストたちも、話や盛り上げ方が上手なんです。咲夜くんに『ホストにとって、初めての指名客って、一生忘れられない、特別な存在なんだよ』と言われ、お店の先輩ホストたちにも、『咲夜を宜しく』と頼まれ、そこまで特別って言ってくれるなら……って、2回、3回と通うようになりました」

だが、指名客を得た咲夜くんは、あからさまに彼女に甘えるようになってくる。「その日は行けない」と言っても、来てくれ、と強引に誘い、無理な注文をさせようとする。いちごチェリーさんの他に、客を呼ぼうという努力も見えない。経営者である彼女には、その姿はあまりにも怠惰にみえ、何度も注意した。彼にアドバイスをするためには、自分がホストを知らないと……と、いろいろな店の有名ホストたちのYouTubeを見ては、営業の仕方について勉強したり、ツイッターでDMを送ってきたホストたちに「実は、こういうコがいるんだけど、どうすれば売れるようになる?」と相談したりもした。だが、咲夜くんの姿勢は改善されることはなく、あげくの果てに、同伴の時に「疲れたから」と一言も発しないという出来事があり、彼女は、ついに爆発してしまう。

「もう、この子は何をいってもダメだと思い、縁を切ることにしました」。

初めてホストクラブに足を踏み入れてから、1か月足らずのことだった。

その後、ホストクラブ通いからはすっぱり足を洗おうとしたが、咲夜くんのために、さまざまなホストクラブについて勉強を重ねたこともあり、「その時間を無にするのはもったいない」と思った。またそれ以上に純粋に歌舞伎町のホストクラブに対する興味がわいてきたという。

「咲夜くんについて相談していたホストくんたちも数名いたので、その中でやりとりしていた、数人のホストくんたちの店に、お礼もかねて、指名で遊びに行ったんです」

〝義理〟からスタートした咲夜くんと違って、自ら〝選んで〟行ったホストクラブでの体験はまったく別ものだった。咲夜くんと完全に切れたこともあり、自ら「ここ！」と決めたホストクラブで、自分好みのルックスで、一緒にいて楽しいホストたちだけと過ごすことを覚える。そうなると当然のように歌舞伎町に通う回数はぐんと増え、その年の1月には、一日に3軒ほどをはしごするようになった。何軒かのホストクラブをまわり、5人ほどのホストを指名したが、中でも、彼女の心を摑んだのが、良人くん（仮名・23歳）と、キラオくん（仮名・30歳）の2人だ。満面の笑顔でいちごチェリーさんが言う。

「本命は良人くん。彼は、まだホスト経験は1年半と短いものの、太いお客さんがついていて、出会った時には、もう店でナンバーに入っていました。若くて表情もあどけない、かわいい系の男の子なんですが、アルバイトホストで、ど素人だった咲夜くんと比べたら、その接客は雲泥の差。もう、〝指名させてくれてありがとう！〟という気持ちでお店に通ってます（笑い）」

もうひとりのお気に入りのキラオくんは、良人くんとは正反対のセクシー系ホストだ。有名店の支配人で、月2000万円を売り上げたこともある実力者だという。いちごチェリーさんは、本命の良人くんのためにはできるだけ店に通い指名本数をつけるようにし、一方のキラオくんの店には、たまに顔をだして、経験値も高い〝夜のプロ〟の接客をとことん堪能した。

「無人島に誰かひとり連れていけるなら、夫」

水を得た魚のように、歌舞伎町をエンジョイするいちごチェリーさん。だが、彼女には配偶者がいる。

やはり、想像してしまうのは、ホストと客の行き着く先は結局「恋愛関係」なのではないかということ。実際ホストクラブには半世紀以上前の黎明期から、「枕」という言葉がある。「客と肉体関係を持つ」という意味だ。歌舞伎町に足を踏み入れてから、よく耳にしたのが「初回枕」という言葉。「初めて店に来たその日に〝寝る〟」という、そのままの意味だが、こうした単語が日常化しているほど、ホストと客は、〝そういう〟関係になることが当然のようだ。そのほかにも「本命の恋人のふりをする営業」という意味の「本営」、「営業抜きにして趣味で付き合う」、「趣味客」、果ては、ホストが営業後に客の自宅に「寝に」行く「家庭訪問」など、ホストクラブでのみ使われる「専門用語」は多々あるが、それらはどれも、ホストと客が「男女の関係」であることを前提としている。

同い年の夫とは、学生時代に知り合い、恋愛結婚で今年で17年目を迎える。話を聞くと、夫婦関係は良好だという。

「ホスト」と「客」となれば、その先には「男女の関係」は避けては通れないのではないだろうか。そんな疑問をぶつけると、いちごチェリーさんはきっぱりと断言した。

「ホストと肉体関係を持ったら、私にとって、それはもう『終わり』です。ホストから『人妻がホストクラブに来るなんて信じられない』と言われたこともありますが、それはまったく違います。私が、ホストに求めているのは〝疑似恋愛〟。それも、とびきりの疑似恋愛です。体の関係を持ったら、それはもう『リアル』になってしまう。私が欲しいのは、『トキメキ』オンリーです。疑似恋愛の中でも〝本当の恋〟に寄っちゃうと『辛い』とか『恋焦がれる』というような感情がわき出てしまいますが、その感情って、切ないじゃないですか。

私と夫は結婚してもう長く、子供はいませんが、家庭を壊そうなんて一切考えたこともない。『無人島に誰かひとり連れていけるなら、夫』と即答してしまうくらい、なんでもできる人であり、男性として尊敬もしています。歌舞伎町では、ただ単純に、楽しく遊んで刺激的な体験がしたいだけなんです」

彼女に話を聞くまで、ホストに通う女性たちはみな当然「肉体関係」を求めているのではないかと思っていた。取材前に、いちごチェリーさんのツイッターを見ていても「ホストには男女の関係は求めない」と書かれていたが、「本当なのか？」とも疑問をいだいていたし、ＳＮＳという場だからこそ、そういう〝体（てい）〟をよそおっているのかとも思っていた。しかし、歌舞伎町らしからぬ純朴な風貌でこちらの目をまっすぐ見て、キラキラした瞳で「少女漫画のような恋愛をしたい」という彼女の様子には「そうか」とこちらを納得させる説得力があった。

　いちごチェリーさんは、本命の良人くんと、サブ担のキラオくんというタイプの違う2人の間で、時には、〝ライバル〟であるお互いの存在をチラつかせ、焼きもちをやかせてみたりと、「ずっと恋愛の始まりのようなキラキラの状態」を楽しんでいるという。

「こんな少女マンガみたいな状況が今、リアルに起こっていることが信じられないくらい。そりゃあ、ハマりますよね。本命の良人くんにはなんとか、本数を稼がせてナンバーを上げたいと思うし、キラオくんはサブ担とはいえど『いちごのことは何でも覚えておきたい』って、私が、ちらっと口にしたことも、目の前ですべてメモする。そんなことされたら、シャンパンも喜んで入れちゃいますよ（笑い）」

いくら好きとはいえ、２人にマンネリを感じる時もあるという。そういう時には別のタイプのお気に入りがいる店にいくという彼女は、まさに「歌舞伎町エンジョイ勢」だ。

彼らについて話すいちごチェリーさんは、本当に楽しそうだ。

「誰にいくら使ったかは言えませんが、月アベレージ（※平均）１００万円は使ってます。でも、夜職のコや、本当の〝ホス狂い〟のコに比べればまだまだです」と、さわやかに笑うのだ。

いちごチェリーさんは、私がイメージしていた「ホス狂い」とは大分イメージが違った。〝狂って〟はおらず、あくまでもわきまえて、自分の範疇（はんちゅう）をはみ出さずに遊んでいるように見える。そのため、「いちごチェリーさんは、〝ホス狂い〟とはまた違うんじゃないですか？」と聞くと「いや、私は立派なホス狂いですよ」と、はにかみながら、自らが「ホス狂い」であると強調するのだった。なぜ、いちごチェリーさんは人から「ホス狂い」と見られたがるのだろうか。その時は、それだけがどうしても、わからなかった。

「歌舞伎町生活」と変容していく「いちごチェリーさん」

7月に入り、私は長く逗留していたホテルから、引っ越しを迫られていた。長期の契約のため、割引が適用されていたのだが、再度契約しなおすとなると金額が倍近くなるというのだ。私には、資金が潤沢にあるわけではない。だが、実際に歌舞伎町のホテルで生活してみてわかったことは、「ある程度の期間歌舞伎町に住んでいる」ということを伝えると、初対面でも話を聞かせてもらえる確率が少しは上がるということだ。

いちごチェリーさんに初めて会った日にも、取材を終え、雑談で「いまアパホテルで暮らしているんですよ」と言うと、いちごチェリーさんは、「そうなんですか？　私も終電を逃すと、あそこに泊まるんですよ！」と急に打ち解けた様子となった。それを聞いていたいちごチェリーさん行きつけのバーの店長も「え？　あそこのアパホテルに住んでるんですか？　ウケる（笑い）」と、砕けた雰囲気になる。店長は、他の卓のお客さんにも、「取材にきてる記者さんなんだけど、アパホテル住んでるんだって」と私を紹介すると、それまで、挨拶も交わしていなかった別の卓のお客さんも「マジすか」「ウケる（笑い）」と話に加わって来て、「コミュニケーションの入り口」になりやすかったのだ。そのため、この街での生活を延長することは決めていた。ただ、閉塞感に加え、ホテルで生活していると、どうしても出張の延長のような感覚になってしまい、であれば果たして、わざわざ「歌舞伎町」に居る意味があるのだろうか、とも考え始めていた。

次の住居を決めるにあたり、いつも使っている宿泊サイトで、「値段」と「広さ」を基準に調べてみたところ、44平米の広さで、1日約5000円という、格安の物件があった。私は、だいたいの位置以外よく調べることもなく、そのマンションを即決したのだった。

歌舞伎町ヤクザマンション

初めてきちんと住所を検索したのは引っ越し当日のことだった。荷物が多いため、タクシーで移動する必要があったのだ。すると、地図の次に検索エンジンがサジェストしてきたのは、物件名と並んで「歌舞伎町　ヤクザマンション」というものだった。

その物件は、築50年近いファミリー向け大型マンションだ。私がこれから居住することになる部屋は5階にある。日当たりもよく、なによりも広い。歌舞伎町の中心部までは徒歩3分とかからず、立地も悪くない。細かいことを気にさえしなければ、かなりの良物件と思われた。

荷物を解き、一息いれたあと、周辺の現地調査をしようと部屋を出た。エレベーターでエントランスまで降り、ふと、管理事務所の横に目をやると、『使用済みの注射針や下着は絶対に流さないでください。●●●（※字が薄くて読み取れず）が詰まります。改善が見られないようでしたら、今後は事件性も考えられるため警察に相談します　〇〇〇〇マンション管理組合』とデカデカとかかれたプレートが2枚も貼られている。ぎょっとしつつも、入ってきた正門からではなく、歌舞伎町の繁華街により近い、裏出口から外にでると、入り口のわきには献花台が設けられており、さっき用意したばかりのようなみずみずしい生花が活けられている。さらにその隣には、燃え尽きた線香がのった横置きの線香皿に、口のあけられた、ビールやコーヒーの缶や、ワンカップが供えられているのであった。

部屋は広くてキレイだし、買い出しにも便利な立地。住民は「その筋の人たち」に加え、ホストらしき男性たち、外国人女性らに、まだこのマンションが新しい頃に購入したのであろう、80代くらいのおばあさんもいた。私の向かいの部屋に住む、そのおばあさんのところには、毎日ヘルパーさんがきて、彼女の生活を見守っている。近隣住民とトラブルになることもなさそうだ。ただ、1階にある共同のゴミステーションからエントランスにまで漏れ出てくる、土臭いような、独特の臭いだけは、なかなか慣れることができなかった。
とはいえこれまで暮らしていた狭いホテルの部屋に比べて、2倍近い広さになり、キッチンもついている。徒歩2分の場所にはスーパー銭湯「テルマー湯」もあるし、バッティングセンターもすぐそばだ。そのため友人たちに「遊びにおいでよ」と声をかけた。しかし最初はみんな「うん！　いくいく！」と二つ返事なものの、住所を伝えると、検索してでてくるサジェストや噂話が気になるのか、皆、一気にテンションが下がり「ごめん、今回は遠慮しとくわ……」と態度を一変させるのだ。

当時はコロナ禍の真っ最中である。ひとつの部屋に集まって飲み会をする「宅飲み」も、「ダメなこと」だと見なされており、人気俳優・田中圭が'21年7月10日、自宅で20人余りを集め、誕生日パーティーを開催していたことが報じられるなど、自宅に人を集めることそのものがニュースの対象となるほど、事態は逼迫（ひっぱく）していたのだ。実際、東京都には当時、

「まん延防止等重点措置」が敷かれており、大人数の宴会への参加者は糾弾された。パーティーを主催した俳優・眞島秀和もそれを受け、所属事務所の公式ツイッターに謝罪文を掲載した。ちなみに田中はパーティー後に新型コロナウイルスに感染したことを発表している。

今思い返せば、私は冷静なつもりでいながらこのご時世に気軽に人を家に呼ぼうとするそんな時期でありながら、私の友人・知人が忌み嫌うこの部屋に、唯一、通ってきたのが「歌舞伎町の論理」に少し染まっていたのかもしれない。

その頃彼女は、「ヤクザマンション」から徒歩2分の場所にある歌舞伎町の24時間営業の居酒屋兼定食屋でアルバイトを始めていた。聞くと、6月に良人くんが前の店から有名店に移籍したため、「ナンバーをあげるため」なんと6月1日から店休日以外は毎日、店に通っているのだという。

「お金を稼ぐという目的もあるけど、歌舞伎町に通ってるうちに、この街が好きになっちゃって。いつか、将来、歌舞伎町で定食屋さんが開けたらなって夢ができたから、修行しているんです」

この頃の彼女は、外見も、初対面の頃の大人し気な雰囲気とは打って変わって、女優の山村紅葉を彷彿とさせるような迫力をまとっていた。髪の毛には赤のメッシュの入ったロングのエクステをつけ、服装もどこかしら夜の雰囲気を感じさせる。お気に入りの良人くんとはすでに〝店外デート〟も重ね、さながら「歌舞伎町上級者」の貫禄だ。

この部屋からは、良人くんの店もキラオくんの店も、歩いて5分もかからない。利便性は抜群というわけだ。いちごチェリーさんは、バイト終わりや、ホストクラブに行く前の空いた時間に、私の部屋に遊びに来るようになっていた。

いちごチェリーさんの一日のスケジュールはこうだ。

午前5時頃　起床。

午前8時　埼玉県の自宅兼会社で仕事を開始。

午後4時　仕事を終え、歌舞伎町へと向かいながら、雑事を済ます。

午後6時　ホストクラブに行くため、行きつけの美容院でヘアメイク。

午後7時　同伴がある時には、待ち合わせて食事へ。ない時には、喫茶店で時間をつぶすか宇都宮の部屋へ。

午後8時30分　ホストクラブがオープン。まずは良人くんが働く「A」店へ。
午後10時頃　「A」店を出、今度はキラオくんが勤務する「B」店へ。
午後11時過ぎ　終電のため帰宅、もしくは、居酒屋で午前8時までアルバイト。

とんでもないハードスケジュールである。

いちごチェリーさんにはルーティーンを守り抜こうとするところがあり、お気に入りのホストくんたちと会う前には、必ず、行きつけの美容院でヘアセットとメイクをしていく。それが一回につき3000円。ホストクラブでは毎日通うために基本、ワンセット（約90分）と決め、自分はアルコールを飲まないが、どうしても、良人くんやキラオくん、それにヘルプについた男のコたちに飲ませないわけにはいかない。一回の最低料金が低く見積もって1店2万円として、ざっと計算しただけでもひと月111万8000円だ。さらにそこに、同伴料金など、どんどんオプションがついていく。その上、同伴をした日や、締め日などは、それなりにお金を使っているから、もう総額がいくらになるのか、こちらからは想像もつかない。

7月の半ばの深夜、いちごチェリーさんから「良人くんと喧嘩しちゃいました。終電もないから部屋にいかせてくれませんか」と連絡があった。

いちごチェリーさんの金銭感覚には不思議なところがある。派手に散財しているように見えるが、自分が決めた金額以上に使うことはない。歌舞伎町から自宅が離れていることもあり、なんといっても毎日のことだからオールナイトで遊ぶと決めた日以外は、必ず終電で帰宅している。私も良人くんの店にも、キラオくんの店にも同行したことは何回かあるが、会計を終えると必ず、手帳に、どこの店でいくら使ったかを几帳面に小さな字で、細かくつけている。この日にせよ、なにもいわゆる〝事故物件〟かつ散らかった私の部屋にわざわざこなくとも5000円もあれば、ここよりは余程快適な時間が過ごせると思うのだが……。

私の部屋につくと、いちごチェリーさんは、ケンカのあらましについて話し始めた。話を要約すると、こうだ。メインの担当は良人くんだけど、キラオくんのところにも通っている。良人くんには「キラオのところに通うのは止めてくれ」と言われているが、キラオくんにも、公私ともに困っている時に相談に乗ってもらっていた経緯があるから、切ることはできない、そう伝えると良人くんが怒って、店が終わったら話し合いをしたいから、待っていてくれと言われた――。

なんとも、楽しそうな話である。しかしいちごチェリーさん本人は「このまま、良人くんとは終わっちゃうかもしれません……」と悩んでいる様子ではある。そして「良人くんの仕事が終わったら、このマンションに迎えにくることになっている」という。

彼女が言う通り、午前1時を回った頃、部屋のインターフォンが鳴った。

ドアを開けると、良人くんが思いつめたような顔で立っている。良人くんの顔にはメイクがばっちり残っており、店からここまで本気で直行してきたことがわかる。いちごチェリーさんは「おじゃましました♪」と言って、良人くんと2人、夜の街へと消えていった。

翌日、聞いたところ、2人は〝トー横前〟の漫画喫茶の個室で話し合い、そのまま始発まで2人で雑魚寝したという。

〝住めば都〟とはよく言ったもので1週間も過ごせば、ヤクザマンションで起こる、どんなことも日常の光景としか思わなくなってきた。管理事務所に常駐する警備員さんたちとは、挨拶や世間話を交わすようになり、同じ階の住人の顔もなんとなく覚えてきた。夜中や明け方に、ときどき叫び声が聞こえるが、まあ土地柄、そういったものなのだろうという感覚だ。そうなると、ここは単に、どこに出るにも便利な立地の、なかなかに住み心地のいい部屋である。

ある日のこと、いつものように深夜、仕事から戻ってくると、エレベーター内で、朝にはなかった張り紙があるのを発見した。上部に真っ赤な字ででかでかと「警告」と書かれた紙を見れば「ごみ等をベランダから投棄する人がいるとの報告が多く組合に入ってきています。何号室のベランダから投棄されているか特定する為にもカメラ設置を検討している所です。何れにしろ危険な行為は絶対止めてください。」とある。

その時には、ああ、ベランダから、面倒くさくなってタバコとか生ごみとか捨てちゃう人がいるんだろうな、本当に治安が悪いな、くらいにしか思わなかった。

だが、翌日の朝仕事に行くため、裏口から外にでようとすると、ごみステーションの前に、横幅2メートルはありそうな大きなソファ、それに、奥行き1メートルほどの白い棚が置かれている。ソファと棚には張り紙が貼られ、そこには、真っ赤な太いマジックで「注意！！！！！！！！　ベランダからの投下物です」と書かれている。

ベランダから捨てられていたのは、大きなソファと棚だったのだ。

ソファが投下されていた場所は、ちょうどエントランスからごみステーションへの一本道だ。何階から投下されたのかはわからないが、たとえ低層階からでも、時間帯や少しでも下を行く人の動線がずれていたら、大けがどころでは済まない。それを、このマンションでは「ごみ等をベランダから投下する人がいます」の文言だけで済ませてしまうのか。「カメラの設置を検討しています」ではなく、もう、今すぐ、設置するべきではないのか。むしろ大事故が起きていないほうが不思議ではないだろうか……。もしかしたら、巻き込まれていたのは、自分だったかもしれないのに、そんな可能性にはまったく思いもよらず、のほほんと「治安が悪いなぁ」とだけ思っていた私は、冷や水を浴びせられたようになり、歌舞伎町は一筋縄ではいかないな……と痛感したのだった。

3人目のホストと〝ファーストシャンパン〟

7月末。いちごチェリーさんの生活は相変わらずだが、そこに新たに、衣吹くん（仮名・26歳）というニューフェイスが加わった。いちごチェリーさんによると、良人くんとケンカして「A」には行きたくないが、どこかで遊びたい。しかし、その日に限って、キラオくんの「B」店は店休日だ。そこで、初代担当・咲夜くんと切れた後、いろいろな店を回っていた時のお気に入りのひとりだった、衣吹くんに白羽の矢がたったのだという。

衣吹くんは、180センチ超えの長身で城田優に似たエキゾチックな容姿だが〝歌舞伎町のホスト〟というよりは地方都市にいる気のいい青年といった雰囲気のコだ。早朝、ヤクザマンションの私の部屋に、いちごチェリーさんと一緒に来ることもあった。しかし、部屋にきても、一言もしゃべらずニコニコしているだけだ。

話を聞いていると、いちごチェリーさんは、衣吹くんの店にはほとんど顔を出していないようだ。いちごチェリーさんが一人で来たときに、衣吹くんは一体なぜ、いちごチェリーさんと一緒にいるのか、と聞いてみた。

いちごチェリーさんが言うには、良人くんとケンカした日に、衣吹くんを思い出し、約5か月ぶりに連絡したところ、店に出勤しているというので、久々にカレを指名で店に行った。カレには、「1時間で帰る」と言っていたが、サプライズで小計10万円のシャンパンを入れた。衣吹くんはその時、店を移籍したばかりだったという。このサプライズは期せずして新店での、カレの「ファーストシャンパン」となった。客がいない衣吹くんは、これに感動して〝つきまとって〟くるようになったという。しかも、こういった〝サプライズ〟は、初めてではなく、まだ、良人くんとキラオくんの2人に担当を絞り込む前にも、衣吹くんに対し、気まぐれで同様の行為をしていたという。

衣吹くんは20代後半だが、ホストを始めて日も浅く、同じ年代とはいえ、経験をそれなりに積んだ良人くんとは、客のあしらい方や接し方がまったく違う。そもそもカレは、良人くんやキラオくんのように「これからホストで生きていこう」という決意をしているようには一切見えない。

いちごチェリーさんに「そんなことしてると、衣吹くんの人生、変わっちゃいますよ……」というと、いちごチェリーさんは「……だって、それがしたいんだもん」と言って、これまでに見たことがない、満足気な笑みを見せた。

私は、いちごチェリーさんから、それぞれのホストたちとの〝相談〟を受けるたびに、真剣に、彼女の精神状態と財政を心配した。煽るホストたちや店に「ひどい」と勝手に義憤を感じてもいた。

が、それは、初対面のいちごチェリーさんの今にも消え入りそうな声で話す、歌舞伎町の「ホス狂い」らしからぬはかなげな印象をずっと引きずっていた、たんなる私の一方的な思い込みだったのかもしれない――。


8月になると、私はヤクザマンションを離れ、東新宿駅からほど近い民泊マンションへと越していた。本当は8月で歌舞伎町を引き払おうとしていた。しかし、まだまだ、この町が理解できない。逡巡している間に、ヤクザマンションとの契約期間が切れたのだ。どうせ住むなら、街の中のあちこちで生活してみたいという気持ちもあったが、なによりも、ベランダからソファが降ってくるような物件には、あまり長居はしたくない。そこでヤクザマンションから、築浅の東新宿のマンションに越したのだ。

そのマンションは地上12階建て。私の部屋は8階にあり、エレベーターまでの廊下は回廊状になっており、職安通りの様子がよく見える。

早朝には、泥酔した状態でタクシーに乗り込むホストと女のコがいる。お昼近くに散歩に出かけた時、見かけた有名店の幹部らしきホストは高身長で、スキのない服装をして、まだお酒が残った様子でありながらも、目が合うと化粧を施した美しい顔でにっこりと微笑む。どう考えても客になりそうにない小汚い姿の私でも、きっと〝女性である〟というだけで、そうすることが習い性となっているのだろう。夕方6時になると、必ず超大手ホストグループ『groupdandy』の宣伝トラックが大音量のＢＧＭとともに、職安通りを行き来する。24時過ぎには、ホストクラブの一部店（※夜6時〜12時頃までを営業時間とする店のこと）が閉店するため、近所のコンビニは「ホストと女のコ」たちの、1度目の来店ラッシュとなる。ここから、すぐそばにあるラブホテル『バリアン』や『パシャ』に行ける女のコはその夜の「選ばれたコ」だ。

「私に夢中になって、思いっきり依存するまでかな♪」

〝新居〟には、いちごチェリーさんが通う店からも、アルバイト先からも近いからか、以前にもまして彼女が遊びに来るようになっていた。

出会ってからは3か月以上が経過していたうえ、そもそも同年代。その間、毎日のようにLINEのやりとりをしていたこともあったからか、彼女と私の距離はかなり縮まってきていた。

その頃、歌舞伎町でのアルバイトをさらに増やそうとしていたいちごチェリーさんは、夜だけでなく昼もこの町にやって来るようになった。それに伴いバイトの面接の前にお昼ご飯を食べに、私の部屋を訪れることも増えていた。お昼すぎ、私への差し入れと、自分の食事を持ってきた彼女は、すっかり指定席となった黒い革張りのソファに座ると、何の前触れもなしに、カバンから糖尿病患者がインシュリンを打つために使う「インスリンペン」状の「ペン型注入器」を取り出し、服をまくりあげて、自分のお腹に打つ。

最初にその光景を見たときには、絶句した。食事前に「ペン型注入器」での注射が習慣となっているということは、糖尿病の治療、不妊治療、はたまた美容クリニックで処方されたダイエット用の注射など、さまざまな可能性が考えられる。しかし、彼女からは、食事前にしている〝儀式〟についての説明はない。

薬を打つと、いちごチェリーさんが持参したお昼ご飯を食べながらの、ひとときのおしゃべりタイムが始まる。彼女のその日のメニューは、歌舞伎町で流行中の「ショーグンバーガー」だ。富山県の老舗肉屋を元祖とするこの店は、「和牛100パーセント」の〝冷凍しない〟ビーフパテと、店内で焼きたてのバンズが売りの高級ハンバーガーで高い人気を誇る。袋を開けると、とたんに部屋に香ばしい牛肉のいい香りが漂った。

「一度食べてみたかったんだけど、一つが大きいから、口を大きく開けなきゃいけないでしょう。男のコとじゃ一緒に行けないから、今日、はじめてなんだ」とテイクアウトの、人の顔ひとつ分はありそうなサイズのハンバーガーを頬張る。そして、私には、「バニラモナカジャンボ」を差し入れてくれた。そして、またある日の食事は、カツサンドと、ミックスサンド、それにおにぎりだ。片手に提げたコンビニ袋の中から、次から次へと、食べ物を取り出し、小気味よく、パクパクと平らげていくのだ。

話のテーマは、良人くんとキラオくん、それに衣吹くんのことだ。相変わらずいちごチェリーさんが、良人くんの店に毎日通っているのも、同じくらいの頻度でキラオくんの店にも行っているのも、衣吹くんの店にはほとんど行っていないことも、いつも通りだ。いちごチェリーさんはご飯を食べ、ひととおりおしゃべりした後、歌舞伎町へと繰り出していく。

時には、「アルバイトが終わったあと、朝、来ていいですか？」ということもある。特にこちらに問題がない場合は、「どうぞ」と迎え入れていた。

その頃気になっていたのは、彼女の出勤時には毎朝、アルバイト先に衣吹くんが迎えに来ているということ。衣吹くんは、仕事あけのいちごチェリーさんと新宿駅まで一緒に歩き、駅で入場券を買い、電車に乗り込むまで、見送っている、という話だった。彼女は、衣吹くんの店にはほとんどお金を落としていないのに、なぜ……、と疑問ではあった。

ある日、いつものように、いちごチェリーさんから「明日の朝、部屋に寄っていいですか」と連絡がきていた。その日は日本のオタク文化のファンとして知られるフランスのマクロン大統領が来日時、有名漫画家たちと極秘面会していた、というウェブニュースサイト記事の作成に忙しく、「問題がなければ」とだけ返信した。しかし翌日、私はまったく仕事が終わらず、いちごチェリーさんが来ると言っていたことをすっかり忘れていた。

朝8時、インターフォンが鳴った。何事かと思い、インターフォンに出ると、カメラにはいちごチェリーさんと、その後ろで長身を縮め、小さくなっている衣吹くんが映っていた。この日は、仕事が終わっていなかったこともあり、玄関先で丁重に謝り、2人には、お引き取りいただいた。

いちごチェリーさんは、一体何がしたいんだろう。あれだけご執心の良人くんやキラオくんとは、別に付き合いたいというわけでもなさそうだ。彼女は毎日、歌舞伎町で時間も体力もお金も費やして、終着点をどこに定めているのか。

いつも通り、ランチをとりに部屋にきた彼女に、ずっと抱いていた疑問をぶつけてみた。

「あなたは、一体彼らと、どうなるのがゴールなんですか――」

すると彼女は、にっこりと笑ってこう言った。

「私に夢中になって、思いっきり、依存するまでかな♪」

思えば、ヤクザマンションの頃から、すでにその片鱗はあった。キラオくんとの両天秤にかけられたと感じていた良人くんは、店が終わるとすぐ、見も知りもしないマンションに、彼女を迎えに来て、2人は狭いマンガ喫茶の個室で朝まで一緒に過ごした。衣吹くんにいたっては、「2回シャンパンを卸したけど、あまり面白くないから、もういいや、と思って、切ろうとしたら、毎朝バイト先まで迎えにくるようになった（笑い）」という。百戦錬磨の2000万円プレーヤー・キラオくんですら、「このままずっと俺と一緒にいたら、俺がホストを上がる時には、今のグループで飲食店のプロデュースをさせてもらう。その時は、いちごに定食屋をまかせる」と言っている、というのだ。（だからアルバイト先が、「歌舞伎町の定食屋」なのかと合点がいった）。

いちごチェリーさんは、ホストたちに頼まれるがまま、煽られるがままに、店に通っていたわけではない。彼らの言うことや、お願いに従順に従っているように見せて、その実は、じっくりと時間をかけ、ホストたちをコントロールしていたのだ。

私はなんだか、腑に落ちて、いっそすがすがしいような気持ちになった。なんだ、いちごチェリーさんは、「ホス狂い」なんて名乗って、歌舞伎町に振り回されているふりをして、その実、「歌舞伎町」もホストのことも、利用していたんじゃないか。実際、彼女に関わったホストたちは、自分たちで気付いているのかどうかはわからないが、その言動に振り回され始めている。最初に出会ってから4か月足らずで、彼女は、ものすごい進化を遂げていた。きっと今後も、さらに変わっていくのだろう。

歌舞伎町は、つくづく、一筋縄ではいかないなぁ……と思った。

漂い始めた不穏な空気

この街での日々を重ねるにつれ、私は「歌舞伎町ズレ」してきていたのかもしれない。いちごチェリーさんとはますます頻繁に会うようになり、時には東新宿のマンションで飲みすぎて酔いつぶれた私を介抱してくれることや、仕事をしていると、彼女が手作りの差し入れを渡しに来てくれることが増えていった。いつしか彼女に感情移入もするようになり、取材者としての距離が近すぎるようになったかもしれない、と感じることもあった。

何よりも、いちごチェリーさんたちの言動にあまり驚かなくなってきているうえ、毎晩けたたましく鳴るパトカーや救急車のサイレンにも慣れてしまい、来たばかりの頃には毎日、夜中でもラッシュアワーの山手線のような人混みや、夏祭りのように並ぶ屋台など、新鮮に感じていた日々の光景も日常のものとなってきていた。この街に染まってきているとも感じ、少し距離を置こう…と、いったん歌舞伎町を離れたのだった。

'21年10月、歌舞伎町を出て、目黒の自宅に戻ってからも、いちごチェリーさんとは常々ＬＩＮＥのやりとりをしていた。その内容は「今日は良人くんとカラオケ同伴します」や「今日はイベントだったので良人くんに『テディ』（※テディベアを模した形のブランデー。店内価格35万円から40万円）を入れちゃいました」「キラオくんからは『いちごの顔が好き』って言われちゃいました」などというたわいもない話がほとんどだった。

だがエンジョイの過熱からか「２人からは『もうあいつの店には行くな』と言われています。両方から行ったら許さないと言われていますが、これってやっぱり、２人とも私のことを好きだからでしょうか？」と、まるで思春期の女のコが、自分の片思いの相手についての相談をするような内容も多く、返答しかねる時も、まま、あるのだった。彼女は半年ほど前には「ホストはあくまでも私にとっては〝推し〟。だからホストとの色恋なんてありえない」と繰り返していた。しかしそれが、いつしか「恋愛相談」めいたものとなってきており、その中身は時を追うごとにシャレ半分の「恋バナ」から「本気の恋愛感情」を感じさせるものとなっていた。

ホストクラブには、ホストたちの誕生日や、店がオープンして何周年の「周年記念日」、それに、従業員メンバーの肩書が上がる「昇格記念」など、よくもそこまで口実があるものだと驚くほど、数々のイベントが存在する。それだけではなく、夏には、「夏祭り」として「全員浴衣デー」や、節分やひなまつり、そしてクリスマスにバレンタインと、季節の行事も目白おしだ。

8月に開催された「夏祭り」イベントでは、いちごチェリーさんは実家の蔵に眠っていたヴィンテージの生地を、自分で仕立てて浴衣にして「祭り」に参加した。その翌月には、「ホスト全員制服デー」があるというので「お店のみんなと一緒に『東京卍リベンジャーズ』のコスプレをするんです♪」とLINEがきていた。

『東京卍リベンジャーズ』は、発行部数累計3200万部超えの人気ヤンキー漫画で、アニメ化や実写化もしている。歌舞伎町の住人、とりわけホストたちは、昔から地方出身の元ヤンキーという経歴の男性が多く「ヤンキー」は、この街と非常に親和性が高い。いちごチェリーさんはイベントのために、良人くんと一緒に横須賀に行き「それっぽい」スカジャンを購入し、漫画の主人公たちのコスプレをしたホストたちと同様、女性キャラクターではなく「ヤンキー男子高校生」のファッションに身を包み、〝ヤンキー座り〟でキメた写真を見せてくれた。

週刊誌の仕事も忙しくなってきており、なかなか直接会える機会はなかったが、その後もことあるごとに、連絡を取りあっていた。ただ、11月頃から、旦那に対する不満や愚痴が増えてきていた。時には「離婚」を口にすることもあり、「離婚届をもらってきた」と話すこともあったが、その後、進展があったという報告があるわけではない。時折こぼれていた夫への不満や愚痴の中で、いちごチェリーさんから見て夫はかなり細かい性格で厳しいところがあるとは聞いていたため、一時的な夫婦の倦怠期なのかもしれない、と思っていた。

確かに歌舞伎町の、若くてきらびやかなホストたちを見た後では、自宅に帰って夫と比べてしまうこともあるだろう。そんな中での「一時的なものだろう」と思い、何よりも、あれだけ夫のことを「大事だ」と言っていたのはわずか半年前のことだ。私には実際に離婚するとは思えなかった。だが、どことなく物騒な空気が漂っていたことは確かだ。

「これが、私の歌舞伎町での1年間のすべてです」

年が明けた'22年2月。いちごチェリーさんから早朝に「話したいことがあります。お会いできないでしょうか」とＬＩＮＥが来た。

それまでも時々、歌舞伎町で食事をしたり、良人くんやキラオくんの店に一緒に行ったり、いちごチェリーさんのアルバイト先に遊びに行ったりしていた中で、彼女のほうから、こんな風に改まって「話したいことがあるから会えないか」という申し入れがあったのは、初めてのことだ。なにか不穏な気配を感じたが、ただ、それまでも何度か「夫と離婚を考えている」とは聞いていたため、今回会いたいというのも、夫婦関係についての相談か……と思っていた。

ＬＩＮＥが来てから1か月後。新宿三丁目のビストロで久々にいちごチェリーさんと再会した。

久しぶりに会ったいちごチェリーさんは、小花柄のチュニック姿で、大粒のラメが目立つアイメイクを施していた。

「いや～、今日は、プチ整形してきたんですよ。アゴの脂肪溶解注射と、豊胸ですね」と朗らかに笑いながら、私がワインを飲んでいるのを見て「私もお酒が飲みたいな」という。大がかりな施術の後に飲酒は危険極まりないため、本気で止めたものの、その様子は、いつもにもまして、ハイテンションだ。私も、いちごチェリーさんのノリにつられ、気が付けば白ワインのグラスを重ねていた。

1時間半ほどすぎた頃だろうか。彼女は急に、フッと真顔になって、それまでとは違った様子で、こう言った。

「実は、夫にホスト通いのことを告白しました。私は去年1年間で、歌舞伎町に2800万円、使いました。夫との共有財産を使い込んだんです」――。

予想だにしなかった彼女の告白は、なんともヘビーなものだった。

いちごチェリーさんが嫁いだ先は、代々続く地元の素封家。夫は跡取りである総領息子だ。そのため、結婚した当初から、いちごチェリーさんには、跡継ぎを産むという使命が課せられており、本人も、それが当たり前だと思っていたという。しかし、結婚後数年で授かった命は、この世に生を受けることはなかった。そこから、夫婦の長い不妊治療が始まったという。

「30代の頃はまだよかったんです。でも、年を重ねるにつれて、身体の負担が大きくなってきた。養子をとるということも視野にいれ、話しあってきましたが、夫はどうしても〝2人の子〟にこだわっているようでした。なぜ、夫婦で私だけが、こんなにつらい思いをしなければいけないんだろう、と思っている中、夫から追いうちをかけるように『いちごは努力をしていない。今年、結果がでなければ、離婚する』と言われたんです」

結果というのは、〝着床〟のこともあるが、それだけではない。いちごチェリーさんは、ふくよかな体型をしており、医者からも不妊治療のためには減量が必要と言い渡されていた。私の部屋で打っていたインシュリンペンのような注射器も、減量のために処方されたものだったかもしれない。不妊治療や、夫からのプレッシャーがあまりにもきつくかさなり、気が付けば過食に走ってしまういちごチェリーさんは、食べてしまったあと、どうしても辛くなり、泣いてしまったこともあるという。そんな彼女に、夫は「痩せないのは努力不足。痩せなければ離婚だ」と言い放ったのだ。

もともと夫には、モラハラの気があったとはいうが、それにしても、追い詰められている彼女にとっては、あまりにも辛辣すぎる言葉だったのではないだろうか。彼女の張り詰めていた神経は、ここでプツリときれた。

「それまでは、ホストクラブでは、今日はこれだけ、と使う金額をきめていて、そこから逸脱することはなかった。でもその頃、たまたま仕事で大阪に行く機会があって、その夜、ホストクラブに行ったんですね。そこは初回だったんですけど、初めて、自分の所持金以上のお金を使ってしまったんです」

手持ちの現金はなかったが、遠出ということもあり「念のため」に、夫との共有口座のカードを持ってきていた。この「共有口座」はいちごチェリーさんの会社を共同名義としながら、自身は大手商社の会社員として安定した収入のある夫が、自分といちごチェリーさんの老後のために結婚後から、2人でコツコツと貯め続けていたお金だ。また、もし子供を授かったら、養子をとったら、子供の学費のために使おう、と約束していたそれは、絶対に手をつけてはいけないお金だった。

「お金がないから、もうそこから出すしかない。『現金を下ろしてくる』というと、そのとき、卓についていたホストが、ＡＴＭまで、ピッタリついてきて、お金を下ろすまで離れなかった」

その光景には見覚えがある。私が歌舞伎町に住むようになってすぐ、歌舞伎町二丁目のミニストップに夕飯を買いに行くと、ＡＴＭでお金を下ろす女性のうしろに、ぴたっと男性が張り付き、出金する姿を見守っているのだ。女性がお金を手にするところを見届けると、男性は出金を見守る時とは一転、満面の笑みとなり、女性の肩をだき、人目もはばからずにイチャイチャしながら、２人で大量のつまみを選んでいった。女性は、陶酔したような、恍惚としたような、嬉しそうな笑顔を浮かべているのだ。この、江戸時代の吉原でいうところの「付け馬」（※遊郭や飲み屋などで、客が代金を払えない場合、その客に付き添ってその代金を取り立てにいくこと）的光景は、その後、何度も歌舞伎町のコンビニで目にすることとなった。

初対面のホストから受けた、まるで「借金の取り立て」のような扱いに彼女は、どれ程、傷ついたことだろうか。いちごチェリーさんは続ける。

「それからは、ああ、このお金がある、と、引き出しては歌舞伎町に費やす日々でした。最初はすぐに返すつもりで『まだ補てんできる』『まだいける』と思っていたのですが、もう、途中でどうでもよくなった。でも、2月には確定申告があるから、お金の動きは、夫にはバレる。私の『ホス狂い』はその時までの、期間限定のものだったんです」

そういうとひとつ、息を吸い込み「これが、私の歌舞伎町での1年間のすべてです」とほほ笑んだ。

覚悟の刻印

昨年、初めて会った時、「夫のことを尊敬している」「無人島に誰か1人連れて行くなら、夫」「どんなにホストに通っても夫婦関係を破綻させるつもりはない」と、夫との強い絆を、あれほど語っていたではないか。それが、1年足らずで、ここまで来てしまったのか。もちろん初対面の頃から、その萌芽はあったのだろう。ただ、私が気が付かなかっただけだ。

彼女は会社を経営していたが、いつのまにか、本業の話をしなくなっていたことも、気にはなっていた。

彼女は、時に強気で「ホストクラブでの楽しみ方」を私に語り、時には少女のように「良人くんは私のことを好きだと思いませんか？」と相談してきたりしていた。そんな、歌舞伎町をめいっぱいエンジョイしているように見えていた時も、また、あのイベントの、良人くんと一緒に横須賀にスカジャンを買いに行き「『東京卍リベンジャーズ』のコスプレをしました！」と写真を見せてくれた時も、衣吹くんを連れ私の部屋に遊びに来ていた時も、彼女の中では、常に、想像も及ばぬような焦燥感の中で、カウントダウンが続いていたのだ——。

「夫は、私の使い込みや、歌舞伎町でのホスト遊びをすべて知った上で、それでも夫婦生活を続けていこうと言います。でも、私はもう無理です。

歌舞伎町やホストと関わらなければ、私自身、人生を見直すこともなく、くすぶった生活を送っていたと思う。そう考えると、辛い思いもしたけれど、みんなと出会えてよかった。これからは歌舞伎町で生活をしていこうと思います。夫からは使い込んだお金を返せと言われていますし、生活費のこともあるので、副業でデリ（※デリバリーヘルス）で働こうと思って。そのためには、まず商品としての外見を磨かなければ、って豊胸したんですよね（笑い）。

豊胸は、体質的なこともあってか、かなりの難手術で、カウンセリングでは30分で終わると言われていたのが、お医者さん2人がかりの大手術になりました。もう、すご〜く痛くって。でも、この激痛が、私が今まで関わってきたホストたちと、今後も歌舞伎町で生きていこうという決意を再確認させてくれました。私にとって、この痛みは、デリで働く決意をしたことよりもさらに大きい、今後の新しい生活への〝覚悟の刻印〟だって」

この日、いちごチェリーさんと別れた後、いつまでも、彼女のことを考えていた。

離婚という言葉が出ていた時、私はどれだけ、真剣に彼女の話を聞こうとしただろうか。お金のことだって、本人の言うように、いつでも、補てんできる時機はあったはず。彼女は、いつだって元の世界に戻れたはずだ。そもそも私が取材を申し込まなければ、ここまで、彼女の行動が加速することはなかったのではないか、ということは、何回も頭をよぎっていた。彼女は初対面の際「少女マンガの登場人物みたいなトキメキが欲しい」と話していた。ホストたちと恋をして、自らが主人公となってその話を誰かに語って聞かせるというのは、まるで彼女が青春を過ごした90年代に大流行した携帯小説のようなストーリーではないか。

そういえば、彼女は「ケータイ小説を書きたい」と話していたこともあった。ホスト、整形、風俗……いちごチェリーさんがこの1年で駆け抜けたのは、一世を風靡したケータイ小説『Deep Love』の世界そのものだ。彼女は、自分が書くことがなかったケータイ小説を、現実のものとしたのだろうか。そして、それを否定することもなく、ただ、話を聞き続けた私も、彼女の描くストーリーを増幅させてしまったのではないだろうか——。

再会からすぐに「家を出たいから、物件を探しているんです。月8万くらいで歌舞伎町で」と連絡が来たため、民泊サイトや口コミを駆使して、条件に合う部屋を探した。しかし、彼女にセレクトした物件を送っても、一向に返信はない。その後「やっぱりシングルになったら、お金がかかるから、一人暮らしはやめました！」と報告がきた。……と、思いきや、1週間後には「歌舞伎町ど真ん中のタワマンでいい物件があるんです！　良人くんと同じ建物なんです」「代々木にもいい物件がありました！　どちらがいいと思います？」とLINEが来る。とりあえず、本人の了承が取れていないうちは、良人くんと同じ物件はやめておいたほうがいいということだけは伝えた。その後も物件を探しているようだが、いまだに確定はしていない。

現在いちごチェリーさんは、離婚の準備を進めながら、これまでのキャリアを活かして都心のシティホテルで働いている。同時に都内のデリバリーヘルスでも働き始めた。彼女が大好きな良人くんに「副業」について報告すると、彼は「仕事でやるからには頑張って」と声をかけたという。

「私もこの1年間で、『風俗』と『整形』をカミングアウトできるくらい強くなりました。そもそも歌舞伎町に来なければ、痩せようとも思わなかったし、美容に気をつかおうとも思わなかったでしょう。歌舞伎町以前は、化粧品もドラッグストアのプチプラで間に合わせていたけれども、今では、すべてデパコスで揃えています。歌舞伎町に通うようになって、もう1年以上。私はホストに行ったことを後悔していません。でも本当は後悔するべきなのかもしれません。かなりの額を使いましたし、自分の時間や精神を削って生活リズムを変えホストに尽くす日々だからです。

自分より10歳以上年下のホストに翻弄され、時々自分でもどうしたらいいのかわからないくらい沼にハマって溺れています。でもそれに勝る幸せな時間があるから、使った時間も愛情も返してもらえていると感じるし、一円たりとも後悔はありません」

だが、一瞬、表情を変えて、こうとも言うのだ。

「もし、誰かから、『ホストに行ってみたいんですがどうですか？』と聞かれれば、その方が、これから行くことを私は止めません。でも決して、おいで！とは言いません」

はからずも「歌舞伎町」が開いたいちごチェリーさんの「第二の人生」はどこへと続いていくのだろうか。

第3章 「“ホス狂い”ユーチューバー」あおいちゃん

「〝ホス狂い〟の話を聞きたいのであれば、絶対にはずしちゃいけない子がいますよ」

そう話すのは、歌舞伎町「アパホテル」前で路上飲みをする「トー横ミドル」に交じって酒を酌み交わしていた時に知り合ったカメラマンのかずおさん（45歳・仮名）だ。彼が「はずしちゃいけない子」というのは、「ホス狂いユーチューバー　あおいちゃん」のことだった。

ツイッターを覗いてみると、たしかに「ホス狂いあおいちゃん」の名前はホストや「ホス狂い」女子たちの投稿に多く登場している。

また、インターネットで、「ホス狂い」と検索してみても、「〝ホス狂い〟あおいちゃん」は上位に出てくる。

私が歌舞伎町に居を移して「ホストに通う女性たち」について取材を始めた'21年5月時点で、彼女は珍しい「ホス狂いユーチューバー」として活躍しながら、歌舞伎町でバーを経営していた。あおいさんは、客として店に通い、大枚を落としていく、所謂（いわゆる）、通常の「ホス狂い」とは一線を画しているようだった。彼女のバーには、「ホス狂い」女子だけではなく、アフターで営業が終わったホストたちも遊びにくる。お礼にあおいさんも、ホストたちのお店に「同業飲み」をしにいく。客側ではなく、きわめてホストたちに近い立場にあるのだ。

あおいさんは、公称・身長152センチに体重96キロ。ふわふわのぬいぐるみのような愛らしいルックスで、ツインテールのピンクの髪に、フリルとリボンのたくさんついた〝ロリータ服〟がよく似合う。「ずいぶんYouTube映えする子だな」というのが、画面で彼女を見た第一印象だった。

あおいさんが設立したYouTubeチャンネル『ぶーちゃんねる』は'20年3月の開設以来、わずか1年ほどで登録者数8万人を超えた。番組ではあおいさんの大食い企画や、ファッションやメイクを紹介する企画もあるが、やはり、〝ホス狂い〟ユーチューバーを名乗るだけあり、あおいさんが自ら客としてホストクラブに行き、有名ホストたちの接客を受ける企画が名物となっている。

チャンネルでは、あおいさんのキャラクターからか、歌舞伎町では有名な〝ホストの神〟こと『Dewl』の越前リョーマや〝待ち受けにすると稼げる〟という都市伝説が夜の女性の間でまことしやかに広まった『Ring』の優木純、『HANG OVER』椿麗ら、名だたる有名ホストたちも〝素の顔〟を見せる。通常、席にはなかなか着くことのないカリスマたちの「〝疑似接客〟が味わえる」と、同チャンネルの「ホスト巡り」動画は、82万回の再生回数をはじき出す人気コンテンツとなっていた。

「ホス狂いユーチューバー」そして「歌舞伎町案内人」を名乗るあおいさんにぜひ、話を聞きたいと思った私は、彼女が経営するバー『プププらんど』に向かった。

『プププらんど』は、歌舞伎町・風林会館のすぐ隣という好立地にある。店を訪れた'21年5月当時は、緊急事態宣言中で、昼間のみの営業だった。それでも、まだ日も高いうちから、見るからに〝夜の匂い〟のする女性たちが入れ替わり立ち替わり来店しては「あの店のあいつは初回枕だよね〜」「あいつはイキがってるけど、〝トー横〟でキャッチしているレベルのモブ（※個性も魅力もない「その他大勢」を意味するスラング）ホスト」「冬月グループは、100万円のボトルを入れさせ、それを飲まずに卓で捨てる〝ガッチャン芸〟（※ボトルを卓で「ガッチャン」と割ることから名づけられたという）が流行ってる。『入れた段階でホストのものだから』という理屈のパフォーマンスだけど、あまりにも鬼だ（笑い）」とソフトドリンクを片手にディープな〝歌舞伎町トーク〟を繰り広げている。

あおいさんはコロナ禍で、「歌舞伎町に詳しい識者」としてインタビューを受けることもあるそうだ。自ら「歌舞伎町」という街の名をだして活動をしていることもあり、コロナ禍における営業では都からの営業時間短縮や、休業要請には完全に従っていたため、通常営業を継続する周辺の店をよそに閉店することや提供メニューをしぼることを余儀なくされていた。

しかし、彼女は「コロナとは共存しかない。ｗｉｔｈコロナの精神です」と言い切り、事態を受け入れていると語った。この若さで、自分と店を襲ったコロナ禍に対して、自らの言葉で語る彼女を、ずいぶんとしっかりしたコ、と好感を持ち、店で〝ホス狂い女子〟たちと、ホスト話に花を咲かせるあおいさんに興味をもった私は、客として数回、店へと足を運んだ。最初こそ、集まる「ホス狂い」たちや歌舞伎町の住人である若い男のコたちからは、彼女らの親の年代にあたる場に不釣り合いな私は「なんだこいつ……」というような、異物を見るような目で見られていた。しかし歌舞伎町で生活していること、しかも拠点はトー横前のアパホテルだというような雑談をしているうちに、あおいさんや、常連客ともなんとなくなじんできた。そのうちに、あおいさんが、家庭環境が複雑で虐待を受けていたこと、その環境から逃れるために16歳の時に家出をし、歌舞伎町へとたどり着いたこと。そして17歳でホストに夢中になり、1年半で100件以上の店舗を制覇したことなどを聞くようになった。

あおいさんに改めて取材を申し込むと「バーのオーナーのOKが出たら」という。オーナーのゆーじさんに取材意図を伝え、ゆーじさんの同席の下、あおいさんに話を聞いた。

取材場所は、あおいさんがいつも番組の撮影をしている、歌舞伎町のど真ん中に位置する大久保公園のすぐ近くのスタジオだ。現地にあらわれたあおいさんは、出勤も撮影もないからか、いつものばっちりメイクに甘ロリ服という「ザ・ホス狂い」スタイルではなく、すっぴんにオーバーサイズのトレーナー、ホットパンツというファッションで、実際の年齢よりもだいぶ幼く見える。

あおいさんはまず、現在の活動を始めた理由について語り始めた。

「ホストクラブって印象、最悪じゃないですか。歌舞伎町もそう。でも私は、自分が歌舞伎町で過ごして、ホストクラブに通って、今、ホストさんたちと一緒にお仕事させていただくようになって、そうじゃないよ。みんな、歌舞伎町を変えようとしてるよって。この街の魅力を伝えたいって思ったんです」

実にいい話である。しかし、どうしても疑問が消えないのは、同じ理由で取材を受けてくれたいちごチェリーさんしかりだが、「歌舞伎町は今や怖い街、汚い街ではないと伝えたかった」と話しながらも「確かに昼夜を問わず、キャッチやスカウトがたむろし、しつこく声をかけたり暴言を吐かれたりすることも少なくはない」など、相反する現実についても語る。あおいさんも「ホストクラブは変わりつつある」というが、では、歌舞伎町でホスト関係のトラブルが原因で事件が多発しているのはなぜなのか。自殺者がひきもきらないのはどういうことなのだろうか。発信する内容は「魅力」だけで済む話なのだろうか？魅力を伝えるからには、また同時に「危険もある」と伝える「責任」もあるのではないだろうか。

ゴミ屋敷・虐待・いじめ・家出――凄絶な半生

あおいさんが「歌舞伎町」にたどり着くまでには、ハードな紆余曲折があった。

あおいさんは1996年、静岡県熱海市で生まれた。鍼灸院を営む父に、専業主婦の母。両親は彼女が生まれて間もなく離婚。親権は母親が持ち、あおいさんは、母親とともに母方の祖父母の元で暮らすはずだった。しかし、その母は出奔した。あおいさんが引き取られた頃にはすでに末期がんを患っていた祖父は彼女が3歳の頃に死去し、祖母との二人暮らしが始まった。祖母は悪い人ではないものの、生粋のパチンコ好きだった。そのうえ片付けも苦手だったのか、自宅はゴミ屋敷だったという。

幼いあおいさんは、日々、朝から晩まで、ひとり公園で過ごすことが多くなった。そのため、すぐに児童相談所が介入し、福井県に住む実父か、子供のいない実母の兄夫婦か、どちらかが引き取ることになる。しかしいざ、あおいさんのこれからを決めるという話合いの当日もまた、母親はこなかった。蒸発中のため、連絡が取れなかったのだという。母親不在のままにあおいさんの「未来」は決まり、彼女は、苗字も変わり、養子となり、伯父夫婦のもとに身を寄せることとなった。小学校1年生の時だった。

結論からいえば、新しい家族とはまったくうまくいかなかった。「詳細はあまり語りたくない」（あおいさん）というが、特に、伯父の妻からは、口答えをするたび「そんなことを言うなら死ね」とののしられ、時には手も出るなど、思い出すのも嫌なほどの虐待を受けたという。引っ越しの多い家庭だったため、転校を繰り返すこととなり、小学校にもなじめない。小学校4年生の時、9歳にしてついに、初めての家出をする。

「自力でお父さんを捜しに行きました。もともと、伯父夫妻は私の父と連絡を取っていたから、お父さんの電話番号や住所、連絡先は知っていました。鍼灸師だったお父さんは私が家出をした時、本当に偶然に、熱海の介護福祉施設にいて、会うことができたんです」

あおいさんは、それまで身を寄せていた伯父夫妻の自宅がある伊豆から実父が住む熱海まで、ひたすら、自転車を漕いだ。半日をかけ、久々に再会した父に、娘は、これまでのことを話した。それを聞いた父親は音信不通だった母親を探し当てて裁判を起こし、彼女の親権を獲得。福井県で父と暮らすこととなる。

父親の実家は福井県の旧家で、敷地内には畑に、竹藪に、作業場、それに車6台がおけるほどの駐車場がある、大きな家だった。庭には金木犀（きんもくせい）の木がたくさん植えられ、9月になると甘い芳香を放っていたことを覚えているという。それまで住んでいた伯父夫妻宅とはうってかわり、切妻屋根に漆喰壁の福井の伝統的民家は広すぎて、豪華な仏壇がある仏間も、男女別に作られた薄暗いお手洗いも、幼い彼女にはちょっと怖いものだったという。そのうえ父方の祖母は、すでに離婚して家を出ていた。広大な旧家は、庭の手入れもなされず、仏間以外はすべてゴミで覆われた〝ゴミ屋敷〟となっていた。あおいさんは、母方の祖母の家に続き、また、ゴミに埋もれたこの家で、鍼灸院を営む父と、米作農家の祖父の3人での暮らしをスタートさせた。

新生活も決して穏やかなものではなかった。

「おじいちゃんが、めちゃくちゃ気性が荒い人だった。よその大人の前では〝いい顔〟をしているのですが、通常は超ハードモード。とにかくすぐに手をあげる。友達が家に遊びに来ていてもかまわず『のくてぇ（のろい、バカな）やつ！』と手をあげられたこともありました」

理由は、今となってはなにがきっかけだったのかも思い出せないほどの、ささいなことだったという。あおいさんは、いきなり友人の目の前で祖父に殴られて吹っ飛び、ぶつかった障子はバキバキに大破した。

学校も、彼女にとっての「居場所」とはならなかった。あおいさんは、小学生の頃からことあるごとに「都会から来た」「都会風を吹かせてる」と、いじめの対象となった。

「中学は校則が厳しく、生徒たちが相互に監視しているような、ゆとりのない学校でした。うちは男家系で、父も祖父もたばこを吸うから、私の制服には臭いがついてしまって『鈴木はたばこを吸ってる』『不良だ』『やっぱ都会もんはあかん』と糾弾され、またいじめられました」

いつしか、学校から足が遠のき、中学2年生の時には相談室登校、中3のときは、すでに、まったく学校にいかなくなったという。

それでも高校には進学した。

「最初に入学した高校は私立だったんですけど、学費が高額だったから、父親が〝お金がない〟といって、払ってくれなくて。入って半年で辞めることになりました。別に高校には行かなくてもいいと思っていたのですが、中学の時の学年主任の先生が、私を心配してくれて『定時制高校に行かないか』と勧めてくれた。最初はめんどくさかったんですけど、そんなに言うなら、と、1年遅れで定時に行きました」

だが、1年遅れて入学したため同級生とは年齢も違う。学校にはどうしてもなじむことができずアルバイトに没頭した。当時は、ファストフード店とジーンズショップでバイトをしていた彼女は、接客業が肌にあっていたのか、働くのが楽しくなり、次第に定時制高校からは足が遠のいていった。自立と並行するように、父親との関係は、悪化の一途をたどっていた。

「バイト代は父親に全部取られてましたね。『預けろ』といって、通帳も押さえられていた。だから反抗して、家には帰っていなかった。〝非行に走った〟じゃないですけど、同じように、学校に行っていないセンパイとかとツルんで、毎日、ゲーセンとか、カラオケとかでフラフラしてた」

深夜になって店が閉まれば、福井駅の周辺やショッピングセンターのあたりを、ただただ、ひたすら歩いて車を持っている先輩をつかまえては、朝まで遊んだ。

そんな生活を見かねた父とは、常に衝突していた。そしてある日、ボストンバックひとつと、なけなしの全財産である4万円を持ち、何も考えずに東京行きの夜行バスに飛び乗ったという。

家出までして飛び込んだ、父の実家は、あおいさんにとって〝安住の地〟とはならなかったのだ。

「何もかもが嫌になったんですよね。家もふくめ、その頃の、何もかも。全部が嫌になった。その頃、東京にネット友達みたいな男の子がいて、その子に『お前は勇気がないんだよ。そんなに嫌なら東京にでてくればいいいじゃん』と煽られて、衝動的に家を出たんです」

家出を煽ったネット友達とは、「すかちゃ」こと「スカイプちゃんねる掲示板」で出会った。スカイプを利用した通話友達や、チャット友達を探す掲示板だ。

あおいさんには中学時代の相談室登校の頃から、自殺願望があった。衝動的にリストカットをしてしまうこともあったというあおいさんは、ネットで自分と同じように「自殺したい」子たちを探すようになる。伝言板に貼られたメッセージを見て、〝仲間〟を捜し、死にたいという心情を吐露し合ったり、暇つぶしのようなおしゃべりをしていたという。

そんな友人の煽りを信じて、単身、東京に乗りこんだあおいさんだが、いざ来てみると友人は「え、本当に来たの……」と、まさか、決行するとは思っていなかったのであろう、ドン引きして、「いや、ちょっとムリだから」と、あおいさんを拒絶した。あおいさんは、16歳にしてひとり、横浜の街に放り出されることとなったのだ。

所持金も覚束ない家出少女が夜の街に取り残されたら、できることは限られている。あおいさんは、当時流行していた「家出少女神待ちサイト」（※主に10代を中心とした家出中の少女が、寝泊まりする場所や、食事や金銭を援助してくれる〝神〟＝男性を探す出会い系サイト）を利用して数日をしのいだ。

「神待ちサイトで出会った男性は奇跡的にいい方で、肉体関係を要求してくることもなく、ただ、食事と寝場所を提供してくれて、『とにかく、お母さんと会ったほうがいいよ』と親身にアドバイスをしてくれた。それで、実は父親が探し当てたお母さんの連絡先をこっそりメモしていたからお母さんと連絡を取ったら、お父さんが捜索願いを出してるよって教えられたんです（笑い）。でも、どうしても、父親の元には帰りたくない、お母さんの家に行きたいって言ったら『お母さんは再婚をしているから預かれない』って言われて」

母親にそこまで言われてしまったら、もうどうしようもない。彼女は母に頼み込み、父の説得をしてもらい、東京で一人で暮らすことを許可してもらった。母親は、一緒に暮らしてはくれなかったが当座の一人暮らしの資金を援助してくれたという。

もちろん、仕送りなどない。とにかく衣食住を確保するため、ファミリーレストランで働きながら、福祉をたより、家賃と学費を補助してくれる制度の下で、介護士の資格を取得するための勉強を始めた。

「鈴木葵」が「〝ホス狂い〟あおいちゃん」になるまで

ファミレスでは正社員を目指していたが、高卒の資格が必要だった。それを知ったあおいさんはほかの飲食店に転職し、区が主催する「介護職員初任者研修」に通い始める。家と職場、学校の往復というストイックな日常を送っていた彼女だが、大人びているとはいえ、まだ17歳の少女。生活に慣れてくると「遊びたい」気持ちがわいてくるのは当然のことだろう。

「その頃の職場が池袋だったんですけど、居酒屋で夕飯がてら一人飲みしていたら、年上のお姉さんにナンパされたんです。彼女は年上で、確か、当時で20歳を超えていた。風俗で働いていると言っていて、その彼女が筋金入りの〝ホス狂い〟だったんです」

福井からひとり、東京にでてきたあおいさんには友達もおらず、とにかく、寂しかった。声をかけてきたミカさん（仮名）とは、すぐに仲良くなり、一緒に「ホスクラ通い」をするようになる。

「当時は中野坂上に住んでたんですけど、坂上から新宿までは、地下鉄丸ノ内線で2駅です。歌舞伎町がめちゃくちゃ近いから、そこまで行って飲むようになって、ミカさん以外にも、どんどん友達が増えていった。歌舞伎町にいけば、いつも誰かしらいる。とにかく寂しかったから、同年代の女のコの知り合いが増えていくのが楽しくて。あっというまに生活の中心は歌舞伎町になったんです」

上京してから、まだ1年もたっていない。あおいさんは、当時の一日のスケジュールをこう振り返る。

「夜の7時になったら歌舞伎町に来て。初回いって、その日いい人がいたら、飲みなおしするか、しないかして。アフターしてもらって、帰る。一緒にいく〝ホスクラ友達〟とは、初回でお金使わずアフターできるかとか、一日で何人のホストとアフターできるかなんて競争してましたね。

1日で、初回に3店舗行くという日も多々ありました。朝も夜も両方行っていましたから、ホストクラブ100店舗を踏破するのに、1年半もかかりませんでした(笑い)」

当時、歌舞伎町には約300店舗のホストクラブがあった。18歳の少女は、1年半でその3分の1を歩き抜けたのだ。

まるで「道場破り」だ。そんなハードな遊び方をしていたあおいさんにもまた、他のコと同じように「この人じゃなきゃ……」という「担当」があらわれる。初回で入った店で、〝大好きな人〟と出会ったのだ。

「18歳の時でした。タクミくん(仮名・当時21歳)は、黒髪のさわやか系の大学生。自分の話はほとんどせず、いつも、私の話をたくさん聞いてくれる。とても優しい人で、私のちょっとした体調のことや、その日あったこまごましたこと、感情の変化などを気にかけてくれた。これまで、私のことを心配してくれる人なんていなかったから、めちゃくちゃ嬉しかった」

両親の離婚の時と、16歳で単身、家出をした時。あおいさんは、2回母親に〝捨てられて〟いる。東京に出てからは、母親とも連絡を取るようになり「わだかまりもなくなって、お母さんの得意な料理を教えてもらって、お惣菜が上手に作れるようになった」と笑うあおいさんだが、心の底では、「自分のことを親身になって考えてくれる人なんていない」という気持ちがずっとあったとしても不思議ではない。タクミくんには、18歳から21歳までの3年間、ハマり続けた。

「今にして思えば、彼からは〝育て〟のような扱いをされていました。お店に通いお金を使って、たまに同伴や、アフターや休日デートなど〝店外〟をしてもらっていました」

タクミくんとの出会いから2年。あおいさんが20歳の時、タクミくんの誕生日に初めてのシャンパンタワーをすることになる。あおいさんが建てたのは、小計100万円、タックス込みで150万円のタワーだった。当時を振り返り、こう話す。

「すごく不安でした。でも、その時、彼のことが好きだった。本当に、めちゃくちゃ好きだった。純粋に彼に喜んでほしいという気持ちと、彼のことを指名してるお客さんの中で一番になりたいという、両方の気持ちがあったから、『タワー』が、その頃の一番の目標になったんです」

その日のお会計はシャンパンタワーに加えフードや飾りボトルで、合計2００万円になった。

「彼は、とっても喜んでくれました。シャンパンタワー自体、確かに物としては残らないものですが、記憶には残っているので、一生に一度の思い出としては最高でした。それを思うと、金額だって高額だとは感じなかった。それだけ、彼や、彼の周りのお店の人たちが、普段から私に優しかったので……」

しかし一体、まだ年若い彼女がどうやって、2００万円もの大金を手にしたのだろうか……。

「ホス狂い」は「ブランド」

タワーをしてから、あおいさんの心の中で、達成感とも脱力感とも名状しがたいものが生まれてきたという。タクミくんとは、距離が縮まりすぎたのか、ケンカをすることも多くなり、気が付いたら、彼は店を去っていた。現在は連絡も取っていない。気まぐれに行った歌舞伎町のホストクラブも行き尽くし、それまでのような「抗いがたい吸引力を感じなくなってきていた」という。

その頃あおいさんは、ホストクラブと並行して、バーに通っていた。ホストクラブと同じく接客のある飲食店だが、ホストクラブの接客が男性のみで値段も高額なことに対し、バーの従業員は男性・女性のミックスで、ホストに比べ値段も安価。アットホームにワイワイ騒いだり、ときにはハメを外したりできる「友人たちとのたまり場」みたいな感覚だ。ホストによるプロの接客を楽しむ時間もバーで気の置けない同年代の子たちと飲む時間も、彼女にとっては両方とも楽しい「歌舞伎町での時間」だった。

「ある日、冗談で、その店で、ふと『バーやりたいな』ともらしたところ、当時の社長が『じゃ、うちで働きなよ』と声をかけてくださった。最初は、なんとなくで働き始めたのですが、1年後に、店長に抜擢されたんです。そのバーが、今の店『プププらんど』になりました」

あおいさんのもう一つの転機は『プププらんど』を開店して1年経ったころ、YouTubeのホスト番組にゲストとして出演する機会があったことだ。その時は「ホスト好き」の女性として、モザイク付きでの出演だった。しかし、番組プロデューサーの目にとまり、関係者からの評判も上々だったため、YouTubeの人気コンテンツ「HOST-TV」に顔出しで出演を依頼された。あおいさんが出演した回の「HOST-TV」は、再生回数90万回を突破。その後も彼女が出演するたびに、再生回数は右肩あがりに増加していく。コメント欄にも〈あおいちゃん大好き〉〈かわいい〉とファンからのコメントが付くようになり、歌舞伎町系のYouTube番組の中で「あおいちゃん」の存在感は増していた。そして'20年3月、満を持して自らのYouTubeチャンネル『ぶーちゃんねる』を開設したのである。

あおいさんは「〝ホス狂い〟ユーチューバー」と名乗り始めた理由について、こう明かす。

「もともと自分が〝ホス狂い〟で、自分のバーでも、お客さんとホストの話をしていたということもありました。私も最初は『〝ホス狂い〟って、人に言えなくないですか？』と思っていました。でも、誰が作った言葉かはわからないですけど、今ではもう〝ホス狂い〟はもう、ひとつのジャンルであり、ブランドになってると思う。歌舞伎町でお金を稼いで、お金を使う。この町ではお金を回すことが、正義であり、〝仕事〟なんです。〝ホス狂い〟はまず、どんな形であれ稼いでいて、お店でお金を使っていなければ名乗れない。〝稼いで〟〝お金を使う〟ことができる〝ホス狂い〟は、この歌舞伎町では、職業であり、肩書でもあるんです」

ホス狂いは歌舞伎町での〝ブランド〟。あおいさんのこの言葉で、私はSNS上で「ホス狂い」を自称する女性たちや、いちごチェリーさんがどこかはにかみながら「ホス狂いなんです」と笑う気持ちが少しわかったような気がした。歌舞伎町においてこの肩書は、ホストクラブの卓で輝く「飾りボトル」のようなものなのかもしれない。

あおいさんは、バーの店長とYouTubeチャンネルを始めてから、プライベートでホストクラブに遊びに行くことはほとんどなくなったという。

「バーで働き始めたこともありますが、やはり一番の理由はYouTubeを始めたことですね。番組でホストさんと絡むようになったことは大きいです。ただ、友達のお付き合いなどでたまに顔出すくらいのレベルで遊びにいくことは未だにあるし、店に来てくださったホストさんのお店に、こちらがお礼に飲みに行く〝同業返し〟もありますから〝ホストを卒業した〟わけではなく、〝ホス狂いを卒業した〟という感じです（笑い）」

そんなあおいさんの店には、今も現役の〝ホス狂い女子〟が集まっている。歌舞伎町には、さまざまなバックボーンをもった女のコたちがいる。あおいさん自身も、この街に入りびたるようになってから、さまざまな女のコたちと、出会っては、遊び、別れて……というプロセスを繰り返してきた。中にはこの街でできた親友もいる。が、あおいさんは「歌舞伎町で出会った女友達との距離感の取り方は難しい」とも話す。

「『歌舞伎町』という、共通言語があるから、すぐに仲良くなれる。でも、問題はそこから先です。初めて私を歌舞伎町に連れて行ってくれたミカさんは、シングルマザーで子供は実家に預けて、風俗で働きながら〝ホス狂い〟をしていました。遊び方が下手なコで、お店に売掛もあったし、借金もすごかった。部屋も追い出され、私の部屋で同居することになったんです」

問題児だらけの〝ホス狂いシェアハウス〟

当時あおいさんは、家賃4万円、六畳一間のワンルームに暮らしていた。東京にきてから寂しさを募らせていた彼女は、ミカさんだけでなく、大久保公園で泥酔している女のコや、ホストクラブで出会い、「家がない」という女のコがいると、片っ端から「拾って」いって、あおいさんの部屋で一緒に暮らすようになっていたという。六畳一間のワンルームはいつのまにか「ホス狂いのシェアハウス」と化していた。破天荒な人材が集まるあおいさんの周辺でも、ミカさんの生活はとびぬけてめちゃくちゃだった。仕事の当日欠勤は当たり前。働いていた風俗店も、すぐに「飛ぶ」。お金の管理は、もちろんできない。

中でも一番あおいさんが驚いたのは本人も知らない間に妊娠していた上、気付かない間に臨月となり、ふたりが住んでいた家の風呂場で出産したことだ。

「お腹も目立たなかったから、私も気付きませんでした。お風呂でいきなり産気づいて。私が帰って来たときには、もう、頭が見えていた。救急車に電話をしても、『今からでは間に合わない』と言われて。救急相談電話みたいなところに電話して、アドバイスを受けながら、なんとか、私が赤ちゃんを取り上げたんです」

生まれた赤ちゃんは女のコ。安産で、問題もなく、子供は生まれた。あおいさんは、病院や区役所にかたっぱしから電話をし、赤ちゃんを施設に引き取ってもらう算段をつけた。

「実はミカさんが、妊娠に気付かず出産をするのは、出会ってから2回目でした。最初は診察をうけ、病院で出産したけど、その子も、育てられないというので、乳児院に預けたんです。ですから、私が、ミカさんの子を施設に送ったのは、2人目でした」

彼女は泣きながらあおいさんに感謝し「一生、裏切らない」と涙ながらに誓ったという。だが、その約束はいとも簡単に破られた。

「この件があったあと、彼女もちゃんと働き始め、お金も貯めているようでした。私に迷惑をかけたくないから、はやく一人暮らしできるよう、貯金する、と言っていて、実際本当に貯金もしていて、ずいぶん変わったな……と思っているところに、『まずいところの借金があって、今すぐ返さないと、離島に売られる』と泣きついてきたんです。お金を貸してほしいというけど、私もお金はない。『じゃあ、保証人になって!』という。彼女の変容は目の前でみていたので、これなら大丈夫かな、と、安易に保証人になってしまったんです……」

しかし当然のように数日後、ミカさんは部屋に荷物をすべて置いたまま、姿を消した。あおいさんは、彼女を探して歌舞伎町中の漫画喫茶をしらみつぶしに歩きまわった。歌舞伎中の友人に声をかけ、ミカさんを〝的〟にかけた。だが、一向に消息は摑めない。あおいさんは一瞬のうちに、60万円の借金を背負う身となった。

60万円の借金でも、通常の消費者金融からの借金であれば、コツコツと少額からでも返すことはできただろう。しかし、彼女が残していったのは「歌舞伎町」の「ヤミ金融」の借金だ。60万円など、倍々ゲームで膨らんでいく。

「ホス狂いシェアハウス」の「問題児」はミカさんだけではなかった。拾ってきた女のコの中には、盗癖があるコもいて、あおいさんの財布から万札が抜かれることはしょっちゅうだった。問い詰めると、ふい、といなくなる。生活保護を受けながら、それを隠して風俗店で働き、収入を全部担当につぎ込むコもいた。

あおいさん自身も、また「問題児」であった。あおいさんは、当時、彼女たちに過度に依存してしまうことがあり、部屋に残って一緒の時間を過ごしてくれるコには「洋服を買ってあげるから、お揃いのコーデをして遊びにいこう」と「自分とのニコイチ化」を強要することもあったという。そんな「シェアハウス」生活を経て、彼女の中には、いつしか「ホストと同様に、優しさや友情も課金制なのでは」という感覚が生まれたのではないだろうか。そして、自分と、居場所のないコたちの「居場所」を作るために、結果、大きな借金を背負うという手痛いダメージを負ったあおいさんに手を差し伸べたのが、『ブブブらんど』の現在のオーナー・ゆーじさんだ。

「ゆーじさんは、何も言わずに、借金を立て替えて、相手の〝闇の紳士たち〟とも話をつけてくれました。実は、私のＹｏｕＴｕｂｅチャンネルの開設を後押ししてくれたのも、ゆーじさんなんです。『あおいは、話が面白いわけでも、スター性があるわけでもないけど、ＹｏｕＴｕｂｅでホストと絡むのが天才的にうまいからな』といって、撮影スタジオから、なにから全部、準備してくれたんです」

ゆーじさんの話をするときのあおいさんのまなざしは真剣だ。本気で恩義を感じているのが伝わってくる。ただ、同時に疑問もわく。歌舞伎町で、何も持たない若い女の子に、そこまでしてあげる大人には、どんな意図があるのか。

「歌舞伎町」という「居場所」

この「ゆーじさん」には、私も彼女への取材前から対面している。あおいさんに取材を申し込むため、ゆーじさんに連絡を取ると、「電話ではちゃんと話ができないから、とにかく一度会ってほしい」という。

言われた通り、指定の場所に行くと、ゆーじさんと、撮影スタッフのゆうたさんの、2人が私を待ち構えていた。歌舞伎町の中心地の、雑居ビルの一室で男性2人に囲まれれば、相手を悪い人だとは思っていなくとも、どうしても若干怯んでしまう。ましてや、初対面のゆーじさんは、金髪に近い茶髪に、歌舞伎町でしかみかけない薄い色のサングラス、よく焼けた肌にブランドTシャツという、まるで有名店のホストのような、完璧な「歌舞伎町仕様」だった。

想定外のものものしい雰囲気の中、私があおいさんへの取材意図を説明すると、ゆーじさんは薄いサングラスのレンズ越しにこちらを見つめながら、低い声でゆっくりと言った。

「で、あおいのことを書いてもらうことで、うちはそちらに、いくら払えばいいんですか……」

私はあわてて、広告ではないこと、純粋に、あおいさんの「今まで」と「これから」について聞きたいということを、再度説明した。「とにかく、お金はかかりません！」と何度も繰り返すと、いくらか表情がやわらかくなったゆーじさんが言う。

「あおいの取材には、僕も同席させてもらえますよね。取材はそれが条件です」

こちらとしては、是も非もない。どうぞ、どうぞ、と答えると、ゆーじさんは、一転、笑顔を見せ、「よかったぁ。あおいは誤解を受けやすいコだから、何かニュアンスが違って伝わっちゃうのが心配なんです。あおい、ああいう感じだけど、すごく繊細だから、ネットとかで叩かれると、落ち込んじゃうんですよ」

確かに、ユーチューバーには「アンチ」がつきもので、掲示板で叩かれることは多い。ゆーじさんの心配はもっともだ。取材のＯＫが出たため、ゆーじさんと取材スケジュールの詳細を詰めていると、今度は今まで黙り込んでいた、撮影スタッフのゆうたさんが突然立ち上がり「1時間くらいのインタビューを2回で、あなたに、あおいの何がわかるんですか!!」と声を荒げる。私は、あおいさんには、何度か店で会っていて、すでに話は聞いていること、聞きたい内容は、このくらいの時期のことで……と細かい取材内容を、こんどはゆうたさんに説明するのだった。

ゆーじさんやゆうたさんが、あおいさんにここまで親身になるのはなぜなのか。

ゆーじさんは、取材の条件に「インタビューへの同席」を提示したが、取材中に、あおいさんの話を遮ったり、私の質問を止めることは一切なく、ただ見守っていただけだった。

あおいさんは今や「ホス狂いあおいちゃん」という〝商品〟であり、同時に歌舞伎町のアイコンだ。その〝価値〟はきわめて高く、ゆうたさんがディレクションするＹｏｕＴｕｂｅの収益には大いなる貢献をし、ゆーじさんがオーナーをつとめる店も、あおいさんのファンで連日満員だ。つまりは、彼女はまだ若い女のコでありながら、彼らとは対等なビジネスパートナーとなっているのだ。

だが、ゆーじさんや、ゆうたさんの態度や行動からは、単なる「ビジネス」という言葉だけでは片付かないものを感じた。まだ、海のものとも山のものともつかない「葵ちゃん」を、原石の頃に見つけ出し、店を任せ、現在のユーチューバー「あおいちゃん」にまで育てたのは、ゆーじさんだ。

昭和の芸能事務所がまるで家族のようにタレントの生活に密着しながら育てあげたように、あおいさんにつくアンチのことを真剣に心配し、私生活の相談にも乗る。現在のあおいさんには、自分のことを心配する、「保護者」がいる。

「歌舞伎町」という街は、確かに、「受け皿」にもなっているのかもしれない。

それぞれの「ただいま」

「刺されたホスト」こと琉月さんも、「歌舞伎町に来て初めて自分の居場所ができた」と繰り返し話し、自分が被害者となった惨劇を引き起こすきっかけとなったホストクラブに「怖い」と思いながらも復帰した。彼は、久々に店の扉をあけた際、心の中で「ただいま」とつぶやいたというが、彼にとっても「歌舞伎町」のあの店が、まごうかたなく、初めてできた「居場所」だったのである。

彼はどうしているだろうか。あおいさんの取材を終えた後、久々に琉月さんに話を聞きに行くことにした。'21年5月、彼が在籍する店舗は事件発生当時に取材した時から場所も名前も変わっていたが、働くホストの顔ぶれは、ほとんど変わっていなかった。

琉月さんは店の外で、私を待っていた。2年ぶりに再会した琉月さんは、筋肉もつき、体つきもたくましくなって、以前のどこか弱々しい「男のコ」から、すっかり「青年」へと変貌していた。

派手な黄色いシャツを着て、堂々とふるまう琉月さんは、事件直後の頼りなげな雰囲気がうそのようだ。久々の再会であるにもかかわらず、私の顔を見るとすぐに、挨拶がわりに「久しぶりです！　またネタにしてくれるんですか？」と、言い放つ。接客態度も、これまでになくボディータッチを繰り出したり、いきなり「色恋」的な雰囲気を出したりと、すっかり「夜の男」となっていた。その変化に面くらいながらも、琉月さんに「ずいぶん変わったね」というと、彼は以前の取材で言葉に詰まってしまっていたことがうそのように、饒舌(じょうぜつ)に「俺は主任になったんだよ。主任っていうのは、この店で代表や店長に次ぐ位置なんだ」と話す。

19歳の頃、とび職を辞め、ホームレス状態まで陥っていた琉月さんを、「拾って」くれて、自分の源氏名に、名前を一字貰ったほどの「恩人」だといっていた光琉さんについては「あ、あの人は、もう事情があって、お店を辞めて、ホストも辞めてる。今はバーで働いているけど、連絡は取ってるよ。だって、どこで利用できるか、わからないから」というのだ。そして、ふっと真剣な面差しになり「俺は、売れるのであれば、刺されたことだって、光琉さんだって、なんだって利用する。もう、夜の街でやっていくしかないって決めたから」という。本人は傲岸不遜にふるまっていたが、その様子にはどこか、悲壮感がただよう。

琉月さんは、「こうなったらもう、どこまでもやるしかない。刺されたことも、なんでも、利用して、上がっていきますよ！」と繰り返す。

ホスト復帰直後から、源氏名を「痛みに負け琉月」に改名したことを皮切りに、琉月さんは「刺されたことを利用している」と前出の通り、バッシングの波にさらされていた。時には「俺、被害者なのにひどくない？」と自虐的にネタにすることもあったが、そんな様子から実際のところ、「刺されたこと」だけを過剰に「売り」にすることは、心底やりたいわけではないのだろう、と感じていた。だが、身寄りのない彼の居場所は、歌舞伎町のこの店よりほかになく、そこで生き残っていくための、唯一の武器が「刺された」というニュースだったのだ。だが、琉月さんは、自身が抱えるその〝矛盾〟が、いかに切ないことなのか、気付いていない。

やるせない気分になって、その日は店を後にした。

一方、自らが起こした事件により歌舞伎町を去ることになった高岡はその後、どうしていたのだろうか。初公判後、彼女の近況はほとんど報じられていない。

私は高岡が控訴する直前の'19年、本人に取材を試みていた。

同年12月16日、彼女が執行猶予を求め控訴するという情報を得た私は、話を聞くべく、彼女がいる実家へと向かった。

その日は雲一つない快晴で澄んだ空気の中、彼女の実家のすぐそばの河原からは、スカイツリーが綺麗に見えた。高岡の実家は、まだ新しい3階建ての一軒家だ。朝9時、2階のベランダには、高岡のものと思われる、ピンクのふわふわのボア地に白の水玉のパジャマが干されていた。

午後5時過ぎ、スーパーのビニール袋を両手に提げて帰宅してきた高岡の母親に声をかけた。

「控訴」の事実について、そして今、本人はどうしているのかについて質問したが、高岡の母は「何もお答えすることはありません」とだけ繰り返すと、険しい表情で、自宅に戻り、大きな音をたてて、ドアを閉めた。

数分後、若い女性が最寄り駅の方角から自宅方面へと歩いてきた。高岡由佳だ。裁判の時とは打って変わり、10センチ以上あるヒールの靴はそのシーズンに流行していたストレッチブーツ。ヒップがくっきり見えるようなグレーのウルトラスキニーのデニムに黒い革ジャンをはおり、インナーには白のパーカーをあわせるという、はやりのファッションに身を包んでいた。髪の毛は艶々で、顔にはきっちりと化粧が施され、長い睫毛には入念にマスカラが塗られていた。逮捕当時のインスタと変わらない、かなり目をひく美貌だった。

「高岡さん」と声をかけると、即座に顔を伏せ、後ろを向いた。そして、娘を心配して出てきた母親の「早く！　早く！」という、声に促され、自宅へと入っていったのだった。

朝、目にした、高岡のものであろう洗濯したてのふかふかで清潔なパジャマと突然現れた記者から娘を守る高岡の母の姿は、いかに、彼女が愛されて育ち、歌舞伎町から家庭へと戻った今、いかに家族に守られているかをひしひしと感じさせるものだった。

一方の琉月さんは、自ら街に「居場所」を作ったが、そこで彼を守るものは〝自分自身〟でしかない。

歌舞伎町は〝共感の街〟

だが、あおいさんや琉月さんは特別だ。誰もが2人のように夜の街をうまくサバイブし「居場所」を作って稼ぎ、生活を成り立たせられるわけではない。年齢や容姿、性格……要因はさまざまだろうが、あおいさんや琉月さんのようなやり方では居場所を作ることができず「はみでた」コたちが、いわゆる「トー横」に集まったのだろう。そして、あおいさんの店のお客が話していたように、ホストやその客たちが「あいつトー横でキャッチしていたモブホストだよ」などと、「トー横界隈」を鼻で笑う風潮があることも、こうした事情が起因しているのではないだろうか。琉月さんも事件を逆手にとってでも、歌舞伎町にとどまり続けなければ、自身も店からあぶれ、街をさまよう若者のひとりになっていたのかもしれないのだ。

私が歌舞伎町に住んでいた当時はちょうど、歌舞伎町の「トー横広場前」に集まる「トー横キッズ」たちの事件が表面化していた頃でもあった。

「トー横キッズ」による事件は'21年5月に起こった「未成年アパホテル心中」だけではなく、その後、15歳の少年が同じくトー横で「暮らす」ホームレスに暴行をし、それを動画に上げて配信していたこと、「トー横の王」を自称する青年が、未成年の女のコと淫行を繰り返し、売春を斡旋していたことなどが、連日のように報じられるようになった。

実際、トー横広場前のアパホテルで生活していた頃、夜中1時を過ぎた深夜、仕事から帰ってくると、「キャハハハーーー！」という耳をつんざく嬌声とともに、髪を紫にそめ、アパホテルの部屋着がほぼ半裸状態になるほどに着乱れた少女がダッシュでホテルの正面玄関から走り出て、そのまま向かいのファミリーマートに突っ込んでいく姿があった。その背後では、スマホを取り付けた自撮り棒を手にした同年代の男子の集団が、ニヤニヤしながらついていく。また、ホームレス男性の襲撃事件については、事件前から、個人的にホームレス男性たちをふくめた「トー横ミドル」たちと広場で酒を酌み交わしていた身としては、他人事とは思えない問題でもあった。なぜ、未成年の男女は事件が多発するいまも「トー横前」に惹かれるのだろうか。

そんな疑問をぶつけたところ、あおいさんは、こう評した。

「歌舞伎町は〝共感の街〟なんだと思うんです。店に来るコたちもそうですが、この街にはやっぱり、自己肯定感の低いコや、依存心の強いコが多い印象があります。そして、そういうコたちは、すごく優しい」

私は歌舞伎町について、もう一つ疑問を持っていた。当時は歌舞伎町で自殺が多発しており、この町に来て日の浅い私ですら、現場に遭遇したことがある。その時は幸い未遂におわったが、毎日のように「自殺」が起き黄色の規制線を見かけることもしょっちゅうだった。自殺が日常化することに、歌舞伎町の住人たちは違和感を持ってはいないのだろうか。

だがそれについては、比較的〝歌舞伎町ナイズ〟されていないであろう感覚を持つ、いちごチェリーさんでさえ、「ああ、いつ上から人が降ってくるかと思うと危ないですよね。ですから歌舞伎町内での移動はタクシーにしました」と屈託なく話す。歌舞伎町は、他の街よりも「命が軽い」というのだろうか。あおいさんは少し考えて、こう言った。

「まず、歌舞伎町で自殺が多い理由は、ビルに鍵がかかってなくて、入りやすいという物理的な面があると思います。ですが、それだけじゃなくて街全体に『共感』のムードがあるからではないでしょうか。私自身も、ビルの屋上で友達の自殺を止めた経験がありますみんな、心が優しいが故に、飛び降りたコに共感するし、自分もまた、心のどこかで『仮に、自分がここで、この世からいなくなっても、わかってくれるコがいるんじゃないか』と、共感を求めてしまう。そして、優しいからこそ『自分さえいなくなれば、今、自分のまわりで起こっているトラブルは無くなり、周囲のみんなが平和になるのでは？』と思いつめて、死んでしまう。

でも、これは歌舞伎町だけの問題じゃないと思います。ＹｏｕＴｕｂｅを始めてから、日本全国から、私のところにメッセージが届くようになりました。私のチャンネルを見て、『自殺を思いとどまった』というメッセージをくれるコもいれば、学校を卒業したからと、地方からお店に来てくれるコもいる。私は、これまで、歌舞伎町で実際に話したコややりとりしたコ、相談をうけたコなど、自分がリアルに会ったコのことしかわからなかった。

でもメッセージを貰うようになって、歌舞伎町の外のコたちのことも考えるようになった。考えてみれば、私も、もともとはそういったコたちの一人だったんですよね。私も、歌舞伎町に救われた一人なんです。この先は、歌舞伎町の情報の発信はもちろん続けていきますが、それだけではなく、そんな、全国の、いろいろな街にいるコたちに、何か心に届くようなことを発信していきたいな、と思っています」

暴露系人気ユーチューバーによる「告発」

あおいさんの動画は、「ホス狂い」たちだけではなく、あおいさんのファッションに惹かれるティーンたちや、歌舞伎町に興味を持つ地方在住のコたちの支持を得て、ますますチャンネル登録者数も、再生数も伸びていった。あおいさんはその風貌もあいまって「歌舞伎町のマスコット」かつ「アイドル的存在」となり、どこからみても順風満帆な活躍ぶりだった。

だが、取材から1か月後。予想もつかない場所であおいさんの名前を見ることとなる。

『コレコレチャンネル』という、告発系ユーチューバーの番組がある。そのコンテンツで、彼女が告発されたのだ。彼女は、「ファンだった」という女性から175万円を「騙しとった」として「やり玉」に挙げられていた。

コレコレは、84万人のリスナーを持つ、かなりの影響力があるユーチューバーだ。実際、元欅坂46のメンバー・今泉佑唯と婚約した人気ユーチューバー・ワタナベマホトは、婚約が報じられた当日に『コレコレチャンネル』により、15歳の女子高生にわいせつ画像を要求していたことを告発された。番組には、被害少女本人も音声で登場し、マホトからの「卑猥な要求」を声を詰まらせて告白した。この告発動画がきっかけでマホトはYouTubeチャンネルを削除した上、児童買春・ポルノ禁止法違反（製造）の疑いで逮捕された。

そもそも、事の発端はあおいさんからお金を借りたという女性、通称「貸した子さん」が、6月頃から、掲示板に書き込みをしていたことにあったようだ。

ネットを開いてみると、あおいさんにお金を貸したという「貸した子さん」の悲痛な悩みが書きこまれていた。〈あおいちゃんに100万円以上を貸していますが、返してもらっていません。騙されたのでしょうか〉――――。

彼女の書き込みは続く。

〈闇金からお金を借りていて、返せない。このままでは死ぬしかないと相談されました〉〈バーで働いた給料も、ＹｏｕＴｕｂｅの出演料ももらっていない。無給だと言っていました〉〈消費者金融で借りてほしいといわれ、私が借りてくるまで、あおいちゃんが、外で見張っていました〉……これに対しては「許せない！」「告発しろ！」という反応があいついでいた。もしかしたら、嘘かもしれない。あおいさんを陥れるための、作り話かもしれない。お金を払うことなく、あれだけ有名ホストたちと仕事で過ごせるあおいさんを妬む人は多いだろう。何より、ゆーじさんだって「あおいは、掲示板のアンチの書き込みに参ってる」と言っていたではないか……。そんな私の希望を打ち砕いたのが、掲示板に書き込まれた〈彼女が闇金でお金を借りたのは、友達の連帯保証人になったからだと言っていました〉〈金額は、60万円〉という内容だ。

私が、彼女から聞いていた話と、完全にディテールが一致していた。

チャンネル登録８万人の女性ユーチューバー、しかも「ホス狂い」を自称する女性が、同性のファンを騙して１００万円以上を受け取ったなど、恰好のニュースである。

告発を煽る書き込みは日々ヒートアップしていったが、反対に、あおいさんにお金を貸した「貸した子さん」のテンションは下がっていく。〈あおいちゃんからは、4万円返してもらっています。借用書もありません〉〈何よりも、告発することで、あおいちゃんを傷つけるのが怖い〉――。

スレッドでは、〈一度でも返済されているのであれば、返す気があるとみなされ、詐欺罪にはあたらない〉〈そもそも、100万円以上貸しておいて借用書がないのか…〉と、若干トーンダウンしてきた。このままでは、フェードアウトだろう、しかし事実はどうなのか。確認しなければ……と逡巡していたところに、事件は起きた。

9月24日。22時30分、『コレコレチャンネル』により、ついにあおいさんが告発されたのだ。

番組には、「貸した子」さんだけでなく、あおいさんも生出演した。ただしそれは本人自ら進んでというよりは、「貸した子」さんとコレコレ氏により「犯罪でないというのであれば、ここで弁明しろ」とその場に〝引きずり出された〟ような形だった。『コレコレチャンネル』は「声」と「チャット」による配信のため、あおいさんの、服装や髪型はもちろん、表情すらうかがい知ることができない。

　そこで、あおいさんは、配信者のコレコレ氏に激しく詰められ、闇金からの借金が雪だるま式にかさんでいったこと、オーナーのゆーじさんには、闇金の借金だけではなく、ホストクラブで遊ぶために消費者金融で借りたお金、それだけでは足らずにホストクラブで豪遊した売掛も立て替えてもらい、３００万の負債があること、しかし、闇金とは縁が切れておらず、「貸した子」さんには、「50万円貸してくれれば、闇金と縁を切ることができる」と話していたが、それは嘘で、借りたお金は、闇金にその月の支払いができず、ジャンプするためのお金だったこと、だからこそ再度、借金を要求したことなどを、あらいざらい認めさせられていた。

　自身の給料明細や、闇金とのやりとりのＬＩＮＥまでもがさらされ、コレコレ氏に「嘘つき。なあ、嘘つき」と詰問される様子は、聞いてはいられず、あおいさんが悪いのであろうことは明白ながらも、途中で何度も、再生を止めずにはいられないほど、キツいものだった。番組では、あおいさんが、「（貸した子さんの）やさしさにつけこんでお金を借りたこと」「ウソをついていたこと」を半ば強制的に認めさせられる形でありながらも、涙声で謝罪した。

あおいさんは、取材相手でもあったが、個人的な交流もあった。その相手が、衆人の監視のもと、罵倒される姿は、とても直視できるものではない。とぎれとぎれに番組を視聴しながら、あのゆーじさんの同席は、心配や見守る気持ちもあったのだろうが、「監視」の面もあったのだろうか……シャンパンタワーの高額な代金の出どころは、消費者金融だったのか……などの思いが去来した。

その日の視聴者はリアルタイムだけでも13万人以上。後から何回でも再生できるアーカイブには、雑誌でいえば表紙にあたるサムネイルの部分のセンターに、ピースサインでほほ笑むあおいさんの、目伏せ加工もされていない写真とともに「女性Ｙｏｕｔｕｂｅｒに１７５万騙され負債を負った女性」「直接電話で犯罪行為発覚…いいわけしまくりで視聴者激怒」という、過激な文字がデカデカと並ぶ。

コレコレ氏や視聴者の〝怒り〟はごもっともである。

だが、あおいさんは、どうしようもなく、自分が生きされなかった福井から逃げ出してきてからずっと、歌舞伎町でのみ過ごしてきた、いわば「歌舞伎町の中のコ」だ。街にはその街のルールがある。実際私も歌舞伎町に来た5月、この街には結界があるみたいだと感じていた。もちろん、借金をして、そのままいつ返すか見えないという、「借りパク」を疑われる行為をしたあおいさんは、決して擁護できるものではない。だが、「歌舞伎町の外」にいるコレコレ氏が、13万人を前にして、〝街のルール〟と空気を読むことで生きのびてきたまだ若い彼女の人格まで否定するほどの詰問をするというのも、また、どうなのだろうか。

炎上後に届いたメッセージ

翌日、あおいさんは、真っ白いシャツに身をつつみ、スッピンで謝罪動画をネットへとアップした。動画では「オーナーにお金を借り、『貸した子』さんへの借金を完済したこと、『プププらんど』は閉店すること、そして、借金の総額は実は1000万円あり、すべてオーナーに立て替えてもらったこと。1年以内にオーナーに返済する約束をしていること」を、ときどき、涙ぐみながら話した。

数日後、あおいさんに「大変そうですが、大丈夫ですか」とLINEを送ると、ほどなくして「記事、きっと出せないですよね。迷惑かけてごめんなさい。これから改めて頑張ります」という短い返信が来た。バーを閉店した上に、1年以内での1000万円の借金の返済など、できるものなのだろうか。彼女の人生にとっては、まずないであろう一大事の中で、返ってきた内容が、こちらの取材の後に〝炎上〟したことを詫びる文だ。こんな時でも、こちらを気遣うあおいさんに、私は、「どうか、ご無理なさらず」とだけ送った。するとすぐに「ありがとうございます」と短い返信があった。

「あおいさんの借金をすべて肩代わりした」という、オーナーのゆーじさんは、最後まで動画には出演しなかった。そして、騒動のあと、そのゆーじさんから私のところへ届いたLINEには「(今回のことは)チャンスと捉え、新たな仕掛けに動いております。まだまだ注目度はあがっていきますので、何か機会がありましたら改めてご連絡いただけたらと思います」と書かれていた。

心配するこちらをよそに、謝罪動画から1週間ほどすると、あおいさんは、続々と新たな動画をアップし始めた。炎上を経たあおいさんは、ふっきれた様子で、自分の借金もコレコレ氏のことも、もちろん、反省の言葉を述べながらも、自ら「ネタ」としてアケスケに語っていた。あおいさんは言う。

「それまでは、歌舞伎町は怖くないんだよ、ということをアピールするためもあり、どこか、キレイなあおいちゃん、クリーンなあおいちゃんを〝演じて〟いたんです。でも、内心は正直、火の車でした。仕事以外でホストクラブに行かなくなったというのも、返済に追われて〝行かない〟んじゃなくて、〝行けなかった〟んです。今は、もう、隠すこともなく、ありのままの『ぶーちゃんねる・あおい』を見せていきます」

炎上後のあおいさんはどこか、一皮むけたような、すっきりしたような様子にみえた。そんな「新生あおいちゃん」は、視聴者に受け入れられ、新たなファンを開拓。炎上前より再生数もチャンネル登録者数も大幅に伸ばしている。

あおいさんが作り出す「新たな居場所」

「コレコレ事件」の後のあおいさんは、以前にもまして忙しくなっていた。その後もあおいさんとは、新しく彼女がキャストとして働き始めたバーに行ったりと、交流は続けていたが、なかなかじっくりと話せる機会はなかった。

'22年4月。借金返済のためにめまぐるしく働くあおいさんに、めずらしくオフの時間ができたということで、「久々にご飯でもいきましょう」と歌舞伎町で食事をすることとなった。

その日は『ぶーちゃんねる』の新しい人気コンテンツ『行列のできるホス狂い相談所』の動画収録の後に会う約束をし、撮影を終えたあおいさんと、新宿五丁目のスタジオ近くで待ち合わせをした。歌舞伎町の中心部までは徒歩約8分ほど。その間、路上からは「あおいちゃんだ!」「あおいちゃんだよ!!」とファンと思われる女のコたちからのざわめきが聞こえる。すれ違う男性グループも「俺、あのコしってるぞ! 〝ぶーちゃんねる〟だよ!」とじろじろとこちらを見ながら興奮気味だ。花道通りの外販たちは「おはようございます!」と頭を下げる人もいれば「頑張ってください!」と声をかける人もいる。私は仕事柄、著名人と街を歩くこともあるが、みな、ここまであけすけに、不躾な視線を投げかけてきたり、声をかけてくることはない。

しかし、あおいさんは、自分がただ移動しているだけで注目を浴びるその状況がいたって普通の光景のように、何事もないかのように街を歩く。伊勢丹裏の交差点では、20代前半と思われる、「量産型歌舞伎町ファッション」に身を包んだ女のコが、感極まった様子で「あ……あの、あおいちゃんですよね！　大好きです！　一緒に写真撮ってください！」と声をかけてきた。あおいさんは、手慣れた様子で、「ありがとうございます」と返答すると、マスクをアゴまで下げ、ぴったりと頬を寄せてポーズをとる。咄嗟に撮影役をかってでた私だが、あまりにも、ファンの女のコが「ありがとうございます！　嬉しい！　嬉しい！」と繰り返すので、何だか自分まで特別な人間になったような錯覚を覚えてしまう。

その日は、あおいさんお気に入りの歌舞伎町中心部にある焼き鳥屋で、日本酒を飲みながら、話を聞いた。

「私は、自分が歌舞伎町に出てきた時、とにかく寂しくて、依存できる友達がほしくって、次々と昔の私みたいな〝居場所のない〟女のコたちを招き入れた結果、部屋は『ホス狂いシェアハウス』になり、その上、１０００万の借金を背負うことになりました」

彼女が繰り返し話すのは「私は他人、特に女性に依存しやすい」ということ。そのせいなのか、パーソナルスペースという概念が希薄というか、とにかく、物理的な距離が近い。テーブルに置かれたお菓子をすすめるときも、ためらいなく、「あーん」と口の中に放り込んでくる。

そういいながらもふっとした時に、口にするのが「歌舞伎町でできた女友達を信用しちゃダメ」ということだ。彼女は一度、自分たちのための「居場所」を作ろうとして手痛い失敗をしている。そのため、物理的にすごく近い距離にいながらも、急に「あの人は、色恋営業をしかけられているのに、本当の両想いだと信じ込んでいる。今気付かなかったら一生、気付きませんよ」と〝友人〟をバッサリ切り捨てることもある。

しかし、そう切り捨てた友人とも親しい付き合いは続けているのだ。それは、ひとえに「友人」が「お客さん」を兼ねているということもあるだろう。あおいさんの生活は、すべて歌舞伎町での収入を得ることで回っている。ユーチューバーと接客業の2本の柱で生計をたて、生きていく彼女の中で「客」と「友人」の垣根はどこまでもあいまいで、その「心地よい関係」を、よほどのトラブルが起きない限り、自ら切り捨てることはないだろう。

彼女は、つくづく「歌舞伎町のコ」だと感じる。福井を逃げ出してから、まだ10年ほど。その10年であおいさんは生きていくために、「歌舞伎町の水」を飲み、「歌舞伎町の味」を覚え、歌舞伎町はすっかり、彼女の血肉になったのだろう。

「私は、ホス狂いたちやホストさんだけではなく、トー横のコたちとも話してきて、気持ちとか、すごいよくわかる。あのコたちは事件を起こしている、問題だと言われているけど、実際に話してみると、自分たちで主体的に事件を起こしているワケではない。巻き込まれているんです。それは、まわりに守ってくれる大人がいないからじゃないでしょうか。さまざまな事件が発生し、警察も取り締まりを強化したことで、今のトー横からは未成年が減っている。でも、それは、問題が解決したのではありません。ただ、みんなもっと居やすい場所に〝移動した〟だけなんです。

私は、たまたま恵まれていたから、ゆーじさんやゆうたさんみたいに、守ってくれる大人がいた。今はできないけど、借金の問題が片付いたら、昔の私みたいに居場所のない子たちが安全に暮らせるような場所を作りたいな」

さらに杯が進むと、照れ笑いをうかべながら「もう一つの夢」を口にした。

「今は、お母さんと仲良しで、新しい家には、週一でお母さんがきて、一緒に料理をしたり、2人で過ごしているんです。私も料理が好きですし、お母さんは調理師免許を持っている。将来的には、お母さんと2人で歌舞伎町でお店を出したいな。それと、先月からですが、保護猫を飼っていて、その子があまりにもかわいくて、かわいすぎて、プライベートで飲み歩く時間はぐっと減りました（笑い）。世の中には、捨てられた猫や居場所がなくて、保健所に送られる猫がたくさんいる。そんなコを、飼い主さんに橋渡しする『保護猫カフェ』をやりたいんです」

あおいさんが、はにかみながら見せてくれたスマホの写真フォルダには、歌舞伎町のホストたちや外食の写真の倍以上の枚数の愛猫のスナップが溢れていた。

文字通り身一つで地元を離れ、歌舞伎町に飛び込み、すっかり「歌舞伎町のコ」となった彼女が作り出す、少年少女や保護猫たちのための「新たな居場所」はどのようなものになるのだろうか。

第4章

「好きな人がたまたまホストだっただけ」

ねねさん

いちごチェリーさんは40代の既婚者かつ、昼の仕事を本業としながら歌舞伎町に通っており、あおいさんは、「ホス狂い」を肩書としたユーチューバーだ。「ホス狂い」と聞いて、多くの人が頭に浮かべるであろう、20代前半から30代で、歌舞伎町もしくは別の土地でナイトワークに従事しながら、稼ぎを担当ホストに入れあげる、いわゆるノンフィクション番組で取り上げられるような存在とはまた違った、特殊な例である。

ねねさんは、「ホス狂い」と聞いて多くの人が真っ先に頭に浮かべるタイプの女のコだ。いちごチェリーさんと再会し、豊胸したことを打ち明けられたほんの1週間前。歌舞伎町のうなぎ屋で、私はねねさんと待ち合わせをしていた。彼女が現れたのは、約束の時間から2時間ほどが経過してからのこと。ねねさんは、25歳。身長170センチ超えのスレンダーなスタイルに不釣り合いなほどの大きな胸が目立つ、女優の川栄李奈を派手にしたような、グラマラスな美女だ。久々に会う彼女は、プラチナブロンドの毛先だけをスモーキーなピンクに染め上げた髪を外はねのボブカットにし、大きなレースの襟が特徴的な、髪の毛と同色のミニワンピースに身を包み、相変わらず、ただ居るだけで、その場の空気がパッと明るくなるようなオーラを放っている。

「ごめんなさい。約束していたP（※パパ活の〝パパ〟のこと）にドタキャンされちゃって、これはヤバいと思って、急遽、新規のパパを探して会っていたんです」――。

「ホス狂い」ではなく「担当狂い」

ねねさんとはいちごチェリーさんの紹介で出会った。

歌舞伎町に通う女性のメイン層は20代前半から30代の夜の女性が多いため、40代で昼職のいちごチェリーさんは〝ホス狂い〟の中では珍しい。だからこそ、女のコたちの相談にのることもある。

「私は、40代だしホストくんたちと本気の恋愛はなかなか考えにくいですが、20代の女のコだと、ホストくんたちと同世代だから、どうしても『彼女になりたい』って本気になっちゃう。歌舞伎町の〝愛情〟ってある意味簡単で、金額なんです。本気の愛を見せたいなら、てっとり早く、お金を積むしかない。そうするとやはり、風俗になるのかもしれません」

そういったコたちは、稼いだお金は、生活費だけを除いて、あとはすべてホストクラブにつぎ込むという。ホストの中でも、自分の指名する担当にすべてを捧げる「担当狂い」の彼女たちがカレにとって〝特別な存在〟になるためには、稼いでも稼いでも「まだ足りない」と無理を重ねる。その一方で女のコが〝頑張れる〟とわかったホストは、さらなる要求を重ねる。

「女のコたちは自分で自分に〝大丈夫、大丈夫〟といい聞かせながらも、病んでいく」（いちごチェリーさん）というのは必然なのかもしれない。実際、歌舞伎町を誰よりもわりきって楽しんでいたように見えた、取材当初のいちごチェリーさんですら、高岡の事件について聞くと「ああ、歌舞伎町に通うと、例外なくみんな病みますからね……」と彼女に対する理解を口にしたほどだ。

「ツイッターのタイムラインが、そういう病んだコの『死にたい』というつぶやきで埋まることもあります。そんな時には『大丈夫だよ。あなたは頑張っているよ』と声をかけるんです。そうすると『そっか』と落ち着いてくれることもある。〝頑張る〟ためには、まず、自分を大事にすることが一番ですから……」

ツイッターには今日も、さまざまな「ホス狂い」の女のコたちの日常がアップされている。〈待機12時間で10万円弱しか稼げなかった〉と嘆くコ、〈2週間出稼ぎ完走で180万いきました。ほめて‼〉と、10万円ずつ束ねられたお札の写真を載せているコ。彼女たちは1日に想像もつかないような金額を稼ぐ。だが、同時に、「これだけ散財した」と推定100万以上はするカミュ・トラディションのような高額の飾りボトル（※『これだけ高額なものを入れました』と、卓の上に飾っておくボトルのこと）の写真をアップしたり、通称「青伝」と呼ばれる三桁にも上る高額な売掛伝票をあげていたりと、使う金額もまた、ケタ違いだ。

ねねさんはそういった、「担当狂い」の女のコのひとりだ。

'21年8月。連日33度を超える真夏日が続く夏の盛り。約束のカフェに、待ち合わせ時間に1時間ほど遅れてあらわれた彼女は、開口一番「もう最後かもしれないから……。私の話を聞いておいてくれる方がいるというのが嬉しくて……」と、挨拶代わりに、ぎょっとするようなことを言う。

ねねさんは、ピンクベージュの長い髪を、凝ったアレンジのツインテールに結い上げ、花柄のフレアーミニワンピというスタイル。ワンピースの首元の大きな白いレースの襟が、端正な顔立ちを引き立てている。ヒールの高い白いサンダルに、フリルのついた白いソックス。マスクをしているからか、長いまつ毛に縁どられた、切れ長の涼し気な目元が目立ち、思わずじっと見てしまう。マスクを外すと、唇には、その若さを強調するような、鮮やかなオレンジ色のルージュが塗られていた。着物好きの女性は、和装の時には必ずその季節のものを身に着けるというが、ねねさんの耳元にも、夏紫陽花（あじさい）の華やかなピアスが煌めき、手にしたバッグのモチーフもまた紫陽花が咲き誇る。季節感を取り入れたファッションだ。

営業自粛要請期間のため、すでに店はラストオーダーの時間となっていた。ねねさんに、メニューを渡し、とりあえず、何か食べます？と聞くと「いいんですか？　もう、病みすぎて、朝からずっとベッドで寝てたから、何も食べてないんです」と言って、ジェノベーゼのパスタと、真鯛のカルパッチョ、クリームのたっぷりのったカフェモカに、デザートとしてフォンダンショコラを頼んだ。

ものすごい勢いで食事をとりながら、ねねさんは、なぜ自分が歌舞伎町にハマるようになったのかを話し始めた。

絶対的エースになって彼の恩に報いたい

ねねさんの実家は品川区で、母親はピアノ教師、父親は上場企業につとめるサラリーマンという、比較的裕福な家庭で育った。自宅で生徒たちにピアノや声楽などを教えていた母親の影響で、歌うことや表現することは、生まれた時から自然に彼女のそばにあった。そのためか、小さい頃から、役者やタレントなど、人前に立つ仕事につきたいと思っていた彼女は、高校は、芸能コースのある高校に進学した。

当時は芸能事務所に所属していたが、高校在学中に、マンガやゲームなどの〝二次元〟の世界にどっぷりとハマり、卒業後は芸能事務所を辞めて声優養成学校へと通うようになる。

「そこで、初めての彼氏ができるんですけど、私がコスプレとかが好きだから、そこからの彼氏は、ほとんど〝オタク〟ばっかりだったんですよね」

そんな彼女が、初めて歌舞伎町に足を踏み入れたのは19歳の頃だ。

「当時はアパレルで働いていて、仕事終わりに、渋谷のクラブで遊ぶのがルーティンだったんです。ある日、いつも通りに遊んでいると、そこで、もう、人生で初めてというくらいの、好みの男性に出会ったんです」

ジャニーズタレントの山田涼介の背を高くし、さらに整えたような美形の彼に一目惚れしたねねさんは、その場で男性に声をかけた。いわゆる逆ナンパだ。そのまま「お持ち帰り」され、彼との〝交際〟がはじまる。それまで、存在すら気にしたことがなかった彼女が、初めて「ホスト」を知ったのが、彼の部屋だったという。

「カレ、昔、ミナミでホストをしていたって言っていて、部屋には、ホストのカタログみたいな雑誌があった。パラパラ見てたら、かっこいいコがたくさん載っていて、ああ、こんな感じなんだぁ、と思ったのが、『ホスト』を知った最初ですね」

だが、山田涼介似の彼とはほどなくして、音信不通になる。なんということはない。交際していたと思っていたのは自分だけで、彼にとっては「遊び」のひとり。連絡先すらブロックされていたという。

「さすがにショックで。私、顔のいい男性が好きなんですけど、とにかく、憂さ晴らしにカッコイイ男の子と騒いで遊びたい。そこで、山田涼介似のカレの部屋で見た、ホストのカタログを思い出した。かっこいい子がいっぱいいたなぁ…って。それじゃあ、ホストいくかっ！！！って、それが、初めてのホストクラブでした」

とはいえ、知っている店があるわけではないため、どこに行っていいのかわからない。とりあえず、歌舞伎町一番街のアーケードのところをウロウロしていたら、誰か声をかけてくるだろうと思い、友人とぶらついていたところ、案の定、外販に声をかけられた。そこで紹介された店に行ったというが楽しい初回をすごしたものの「また会いたい」と思うまでのホストには巡り合わなかった。しかし、「楽しかった」という経験は残った。

「当時、私は、渋谷のアパレルショップで働いてたんですね。同じ店の後輩でホストに通っている子がいたんですけど、その子に『この前初めてホスクラにいったよ』と報告したら、『え⁉ じゃあ、私の担当の店にいきましょうよ！』って誘われたんです」

そして、後輩に連れていかれたその店でねねさんは「運命の出会い」をすることとなる。

その店は、決してテレビに出てくるような有名店ではない。しかし、歌舞伎町では系列店も多い、中堅どころの店だった。ねねさんは初回のため、何人ものホストがついたが、特にピンとくるホストはおらず、女のコの荷物を持って店の外まで見送る係である「送り」

になんとなく指名したのが、レオくん（仮名）だ。レオくんは山下智久をちょっとふっくらさせたかんじの男の子。彼女より1歳下で、まだ入りたての新人だった。

「その時は、なんとなくだったんですけど、なんかフィーリングがあったんですよね。その後、お店に行くと、レオを指名するようになり、カレの家に泊まったりするようになったんです」

だが、当時はまだ「交際」には至っていなかった。酒だけではなく、〝色恋〟も売るホストクラブにおいて交際もまた〝売り物〟ではないか……とも思っていたが、まれに「本営」ではなく、本気の「彼氏」「彼女」となるホストと客がいる。そうしたカップルはだいたいのパターンにおいて、結婚が前提となり、男性はホストを辞めることを約束する。

だが、ねねさんはレオくんから告白はされたものの、いかんせん初めてのホストクラブでできた、初めての担当である。本気度を測りかねていた。「営業かな？」とも思い、返事は保留した。ただ、なんとなく、居心地がいいから、2人でいるという日々。そんな中、ねねさんの妊娠が発覚する。相手は、ブロックされている、例の〝山田涼介似〟の彼だった——。

どうしていいのかわからず、ただただ動揺する彼女を支えたのが、レオくんだ。

悩んだ末に「産まない」ことを決めたねねさん。レオくんはそんな彼女の通院につきそった。体調やメンタルの状態が悪化すると、朝まで添い寝をし、ホストとして働きながらも、ひたすら弱った彼女のケアをした。

ねねさんは心底、レオくんに感謝した。2人はいつしか「恋人同士」となり、カレの恩に報いるために、「絶対的エース」となったのだ。

まだ新人だったレオくんには、太い客はいなかった。ねねさんは、カレに初めてのシャンパンを卸し、カレがナンバーに入るためには、なんでもしようと思った。そして「どんどん、のめりこんでいった」という。

出会ってから4か月目、レオくんの初めてのバースデーを迎えることとなる。バースデーを目前に控えた3月、レオくんから「シャンパンタワーをやりたいね」ともちかけられた、ねねさんは、すぐに「うん」と頷いた。2人は1か月後の、4月のレオくんの初めてのバースデーイベントに、シャンパンタワーを建てることとなったのだ。

ジェノベーゼを頬張りながら、ねねさんは言う。

「そうなると、アパレルの仕事じゃ、お金足りないじゃないですか。周りを見ると、お金使ってるコはみんな風俗で働いている。だから私も、風俗で働くことにしたんです」

〝初タワー〟まで日にちは迫っている。とはいえ、これまで夜の世界には一切、縁がなかった彼女はどういう基準で勤務する店を選べばいいのかわからない。スカウトの存在も知らなかったため、とりあえず風俗求人に応募し、デリバリーヘルス店に入店した。

「実際にデリヘルで働いてみたら、『なんだ、できるじゃん』ってなった。私、もともと性欲が強いから、男性相手の〝スキンシップ〟は抵抗なく、こなせちゃったんです」

「お父さんには、ナイショだよ」

風俗に「堕ちる」という表現がある。'20年の緊急事態宣言下には、コロナ禍で職を失った女性たちが風俗産業に就かざるを得なくなることが社会問題化される中、ナインティナインの岡村隆史がラジオ番組で「コロナで楽しいことがない」というリスナーからの投稿に「コロナが明けたら可愛い人が風俗嬢やります」と回答したことが大問題となり、謝罪する事態となったこともあった。風俗の仕事に偏見がある、なしの問題ではなく、少なからず「体を売る」仕事というものは、多少の動揺なり、逡巡なり、なんらかの心の動きがあるのではないだろうか。

しかしそんな経験を、目の前のアイドルのようなルックスの、彼女はこともなげに話す。見映えもいいねねさんは、あっという間に売れっ子になった。そうなってくると、単価の安いデリヘルは、タワー代を稼ぐにはまどろっこしく、吉原の高級ソープでも働き始めた。昼はアパレル、夜はデリヘル、休みはソープと、寝る間もなく働いたが、タワー代にはまだ足りない。

ねねさんは、自分の母親に相談した。小さい頃から、友人とのささいないざこざから、幼稚園の頃に初恋の人ができたことなどなんでも母親に相談しており、成長しても、好きな人ができるたびに、大好きなお母さんには話していた。だからレオくんのことを、お母さんに相談するのも、彼女にとっては自然なことだった。

「あのね……」と、自分の〝今の仕事〟と〝生まれなかった子供〟のことはふせ、お母さんに打ち明けた。すると、母は、「お父さんにはナイショだよ」といって、そっと、タワー資金を援助してくれたという。ねねさんは、もちろん父親には、「ホストクラブ通い」

のことは明かしていない。

世の中には、「仲良し母娘」はやまほどいる。私の友人にも、娘からしょっちゅう恋愛相談を受けている女性は多い。しかし、さすがに「ホストクラブ代を心よく援助した」という話はもちろん、娘に「彼氏の初めてのバースデーにシャンパンタワーを建てたい」と相談されたという話は、聞いたことがない……。「友達親子」もここまで進化したということなのか。

ねねさんの〝頑張り〟と母の助けにより1か月後、なんとか、レオくんのシャンパンタワー代ができた。レオくんにとっても、ねねさんにとっても初めてのシャンパンタワーだ。金額は小計100万円。タックスを入れると150万円だ。ちょっと手持ちには足りなかったが、お店に相談したところ、〝2人の頑張りをみとめてくれて〟少し、おまけしてくれたという。

「その時の高揚感は忘れられません。2人とも、また、もっとすごいタワーがやりたいね、って、同じ気持ちになって、翌年にはもっと大きくて、もっと完璧なタワーをしようって話になったんです」

現在も、ねねさんのツイッターアカウントのTOP画面には、ディズニーアニメの『美女と野獣』をモチーフとした巨大なシャンパンタワーの前で微笑む、彼女の姿がある。'20年6月の自分の誕生日に、彼女が自分とレオくんのために、2回目のタワーを建てた時のものだ。

「これが、私の一番幸せな時でした。見てください」と、ねねさんが、その時の動画を見せてくれた。

金、銀に輝く大量のハート型のバルーンに囲まれ、3基のタワーがピンク、水色、イエロー、グリーンと、色とりどりのネオンに照らされている。真ん中に建つひときわ大きいタワーは、真っ赤なバラの生花で飾られ、両脇には、それぞれイエローとブルーをベースとした、一回り小さなタワーが色を添えている。3基のタワーの周囲には、青いバラがあしらわれ、そのタワーの豪華さは、小さなスマホの画面越しでも、ビンビンと伝わってくる。

『美女と野獣』のヒロイン・ベル姫をイメージしたオーダードレスに身を包み、髪の毛を結い上げたねねさんは、さながら実写版のディズニープリンセスのようで、本当にキレイだった。天井まで届く大きなシャンパンタワーの前に並んだレオくんとねねさんは、披露宴の新郎新婦のよう。レオくんは、この日のためにオーダーしたという、ねねさんとおそろいの『美女と野獣』モチーフの真っ青な三つ揃えスーツを着ている。

ハレーションを起こしそうなほどに点滅するライトの中で、マイクを握ったレオくんは「この300万円の！　大きな大きなタワーをしてくれたねね姫！　本当にメンヘラで手をやいたこともあったけど、ただの普通の男だったオレを〝特別な男〟にしてくれたのはねね姫です！　どうか、どうか、これからも、ずっとそばにいてください！」と、感極まった様子で絶叫する。ねねさんが「大好きな王子！　これからも、ずっと一緒にいさせてください！　よいしょ！」とこたえると、周囲に集まった従業員たちも、口々に「よいしょ！　よいしょ！」と掛け声をかけ、シャンパンを飲み干す。腰を抱き寄せ、見つめあい、なんども頬をよせあう2人の時間は、今、動画を見ているだけの私でさえ、永遠に続くのではないかと思うほど多幸感に溢れていた。動画を見つめるねねさんは、うっとりとした表情で、口元にはおだやかな笑みを浮かべているものの、伏し目がちの目は、涙で潤んでいるように見えた。

だが、蜜月は長くは続かなかった。「2人の世界」はあまりにも早く崩壊したのだった――。

目元をそっと指で拭うと、ねねさんは続けた。

「レオは私には言わなかったんですが、他にも〝本営〟をかけていた客がいたんです。同じくカレを指名していた〝被り客〟です。私は、カレの仕事はホストだから、他の客と寝ようが、仕事だと割り切っていた。それが本命の彼女である〝本カノ〟の役割だと思っていたから。でも、被りはそうは思わないタイプだったみたい。派手なタワーをやった私とレオに怒って『ホスラブ』に、レオのとのことを、すべて晒したんです」

「ホスラブ」とは、ネットの掲示板で、いわば「ホストクラブ版5ちゃんねる」のようなもの。お店やホストごとのスレッドがあり、匿名で書き込むことができる。そこには、ホストや姫たちの虚とも実ともつかない、さまざまな噂話が、毎日のように書き込まれる。「被り」の姫は、そこに、レオくんとの出会いから、こんなことがあったというエピソード、さらには、リベンジポルノまがいの写真までをも晒したのだ。

これには、ねねさんも多大なるショックをうけた。

「私がレオに対して怒ったのは、他にも本営をしていたからじゃない。そういったことがあるなら全部話して、と言っていて、レオも、『わかった』と納得していたと思っていたのに、全部隠していたからなんです。それは私を悲しませないためだ、というのは頭ではわかってはいました。でも感情って抑えられないものでしょう？　どうしても許せなくて、私も、被りと同じように、自分とレオのすべてを『ホスラブ』に晒したんです」

太客2人による、どう申し開きもできない「晒し」をされたレオくんは、ホストとして致命的なダメージを受けた。歌舞伎町で新規の客を開拓することはほぼ不可能となり、見かねた店のオーナーが仲裁に入り「お互いに傷ついたんだから……」と、レオくんとねねさんは「痛み分け」で、仲直りをした。しかしその後、2人の関係が元に戻ることはなかった。

300万円のタワーから、2か月後。その年の夏にはもう、ねねさんは、レオくんの店に行くことはなかった。

姫とホストとシャンパンタワー

ねねさんにとってのみならず、「シャンパンタワー」は、歌舞伎町の「姫」たちにとって、他の商品と比べものにならない別格の存在だ。シャンパングラスをピラミッド状に組み立て、一番上からシャンパンを注ぐ「シャンパンタワー」は歌舞伎町から一歩出れば、結婚式やイベントくらいでしか見ることはない。だが、こと歌舞伎町の中となると、ものすごく高価で特別な半面、身近なアイテムのようにも語られる。

実際ホストクラブに通う女のコたちに話を聞いてると、「この前のイベントでは代表と●●くんがタワーやった」や「被りがシャンパンタワーやってて自分もやらなきゃとあせる」のように、必ず「シャンパンタワー」の話題があがる。

出会ったばかりの頃、いちごチェリーさんに、「シャンパンタワーってどう思います？」と聞いたところ、目を輝かせ、「最大の愛情表現ですよ」と言う。

「9月に、メイン担の良人くんのバースデーがあるんですがそこで、タワーやってくれないか、って頼まれて。でも良人くんとは、まだ出会って1年未満。タワーは小計で最低1

00万円からと、高額なものです。やりたいのはやまやまですが、まだ早いかな、とも思っています。でも、そんな高額なものをホストから頼まれるというのは、そのホストが姫のことを、逃げない、裏切らないと信頼しているということ。2人の〝絆の証〟なんです。良人くんにお願いされた時は、躊躇とかとまどいとかよりも先に『私でいいの⁉』ってうれしかったですねぇ」

かつて150万円のタワーを建てたあおいさんは、自身の経験を踏まえ、姫にとっての「シャンパンタワー」の存在をこんな風に解説する。

「姫様にとってタワーとは、担当を輝かすことができる最高クラスの行為で、ホストクラブでできることの中での〝花形〟の位置にあります。ブランデーのバカラ・クリスタルボトルのように、シャンパンタワーと同額かそれより高い『飾りボトル』もありますが、値段がどうこうという話ではありません。タワーは〝特別〟なんです。そもそも、タワーは、姫の誰もができることではなく、担当が一番信頼してる姫にしか頼むことができないもの。ですので、ホス狂いたちにとって、一番かけがえのないものなんです」

普段はあまり表情を表に出すことのないあおいさんだが、「タワー」に話が及んだ時は目が輝いていた。続けて、ホストにとってのタワーについてもこう分析するのだ。

「担当ホストにとってタワーとは、〝自分の姫との頑張りを披露する場所〟であり〝自分が一番輝けるもの〟です。ホストにとって、タワーは『人生』だと思います。どんなタワーを建てるかで、営業姿勢なり、美学なり、そのホストの『形』が見える。いわば、ホストを丸裸にする、恐ろしい存在でもあります。

もちろん売れていなければ、そもそもタワーをやってくれる姫なんていません。そういった意味でも、自分の位置や存在感を周囲にわかりやすく示す、シャンパンタワーは、ホストにとっても、なくてはならない存在だと思います」

「設営は〝アート〟ではなく〝内装工事〟」シャンパンタワー職人たち

午前10時を過ぎる頃、歌舞伎町内では黒塗りの大きなトラックや、荷台にたくさんの花を積載したトラックなど、往来を行き来するトラックの姿が目立つようになる。この店では今日、シャンパンタワーが卸されるという合図だ。コロナ禍の中でもこのトラックは頻繁に見かける。歌舞伎町にクラスターが発生してから1年がたっていたが、かわらず緊急事態宣言は継続している。にもかかわらず、歌舞伎町では毎日、シャンパンタワーを建てるためにこのトラックが走っていた。

有名ホストクラブが多数入る「タテハナビル」をはじめとして、ホストクラブが入る雑居ビルの前に停まったトラックからは、何人もの男女により、脚立や大量の工具とともに、花束用のスタンドやバルーンをはじめとした部品たちがビルの中へと運び込まれていく。「シャンパンタワー職人」たちが、活動を開始する時間だ。

「シャンパンタワー職人って実は、女性が多いんです」

そう話すのは、シャンパンタワー業者「南一」で働く、シャンパンタワー職人・櫨山（はぜやま）誠さん（34歳）だ。私が櫨山さんと出会ったのも、やはり歌舞伎町だ。

昼食を買いにマンションの外にでるたび、よく見かけるトラックがある。車体には、「南一」という社名とともに、シャンパンタワーや、ホストイベントの店内装飾の大きな画像と、小さな値段票が貼られている。

そのトラックを見ると、いつも、作業着姿の櫨山さんと、数人の男女が、顔から首から滝のような汗を流しながら、おしゃべりをするヒマもないほど忙しそうに、黙々とトラックと店とを行き来してタワーの設営をしている様子が目に入る。シャンパンタワーは開店前には組み上がっていなければならないため、時間との勝負なのだろう。

シャンパンタワーを「作る方」の話は絶対に聞きたいと思っていた。それも、広報担当からではなく、現場で、実際に作っている職人さんたちは「シャンパンタワー」をどうとらえているのかを聞きたかった。

シャンパンタワーは、たとえ1000万円かかろうが、数時間もすれば消えてなくなるはかないものだ。にもかかわらず歌舞伎町の女性たちに聞くと、みな「夢」だと答える。SNSを見ても、タワーの写真がアップされると「いいね」の数はけた違いとなり、〈私も頑張ります!〉というコメントが続々と書き込まれる。「シャンパンタワー」は、姫と担当にとっては、その準備の大変さといい、値段といい、時には「披露宴」にすらたとえられる、一世一代のセレモニーだ。毎日、それを積み上げている「シャンパンタワー職人」たちは、歌舞伎町中の姫と担当の「夢」を肩に背負っているようなものではないか。いわば、披露宴のプランニングからデザイン、会場の設営まで、全部請け負うというようなものだ。私だったら、「ガラスのグラス」を積み上げるという繊細な作業はもちろんのこと、姫たちの思いを毎日背負うプレッシャーには耐えられない。

どこかで組み上げたものを持ってくるのか？ レンタルなのだろうか？ そもそもどういった会社が作っているのか。「シャンパンタワー」自体はあれだけ認知されているのに、どのように組み上がるのか、どんな人たちが、どのような思いで作っているのか。考えてみれば、何も知らない。そして、職人たちはタワーを建てる姫たちの「思い」をどのように受け止めているのだろうか。話を聞いてみたい、とずっと思っていたのだ。

朝から昼にかけ「南一」のトラックと何度もすれ違ううちに、たまたま、櫨山さんが一息ついている姿を見かけた時があった。声をかけ、連絡先を交換した。

この職につく前の櫨山さんは関西で内装職人として働いていた。特にシャンパンタワーに興味を持ったことはなかったが、高校を出てすぐに就職した建築会社の親方の実弟が、数年前に新宿で花屋をはじめ、そこにタワーを設立する部門を開設。手先が器用な櫨山さんがスカウトされたのだ。そこで働き始めて今年で3年目になる。

華やかなシャンパンタワーはアートにもたとえられ、メディアで取り上げられるような有名な職人は「アーティスト」と呼ばれる。しかし、現場の話を聞くうちに、その印象は変わっていった。
櫨山さんの会社には、現在、7人の職人が在籍するが、そのうちの4人が女性だ。シャンパングラスを積み立てて作り上げた「シャンパンタワー」は、見た目には、華奢で繊細、儚げに見えるが、その組み立て作業は、とんでもない重労働という。
「みなさん『シャンパンタワー』というと、グラスを積み上げて終わりと思われるかもしれません。でも、シャンパンタワーを設立するということは、タワーだけではなく、タワーをキレイに見せるための土台や照明はもちろん、天井や壁も飾り立てる。周りの空間の飾りつけも、全部含めてが『シャンパンタワー設営』なんです。いわば、空間全体の演出で、そこは内装工事に通じるところがあります。そのため、ライトはもちろんのこと、タワーを映えさせるガラスの土台や天井を飾るための幕、ホストさんの写真が貼られたパネルなんかを運ぶことがメインとなる『肉体労働』なんですよ」（櫨山さん・以下「」内は同）
夏にはとにかく汗をかき、Tシャツには塩が浮く。2リットルのペットボトルの水は秒で空いてしまうという、大の男でも音をあげたくなる体力勝負のガテン仕事だ。

また、シャンパンタワーで使われるグラスは、プラスチックではなくすべて本物のガラスだ。それを、接着剤などは一切使わず重ねて積むことだけで組み上げる。もちろん、落とせば割れるし、グラス1つが0・5㎜でもずれれば、タワー全体が傾いてしまうという相当に神経を使う作業で、肉体的にも精神的にも、非常に負担がかかる仕事なのだ。櫨山さんは、シャンパンタワー職人について「クリエイターというより工事現場」と語る。だが、それでも、現場に飛び込んでくる女子は少なくない。

「うちには、20代から36歳までの女性職人がいます。なかでも、20代の子は『やってみたい』と、自分で応募してきました。とにかく、本人は『シャンパンタワーをかわいくしたい！』って言っている。お洒落なお花屋さんでフラワーアレンジメントを作るとか、そんな感覚なんでしょうね」

「姫様たち」の夢の原価は2万7500円

歌舞伎町を襲ったコロナ禍は、歌舞伎町を主戦場とする「南一」にも多大なる影響を与えた。

「はじめての緊急事態宣言に、『歌舞伎町クラスター発生騒動』があったため、3月くらいから、売り上げはどん底でした。飲食店は閉めても協力金がでるからいいかもしれませんが、酒屋や、花屋、それにうちみたいに、『夜の街』に付随する商売は、補償はなにもない。ただ、干上がっていくだけでした。

そもそも、去年（'20年）6月に『歌舞伎町が悪い』と全国から言われた時から、それは違う、と歯がゆい思いをしていました。悪いのは〝病気〟であり、歌舞伎町が〝悪〟ってことはないでしょう。歌舞伎町が日本一の歓楽街と呼ばれる場所で、一番人の出入りが多い街だから言われていたのだと思っています。みなさんが言いやすいんだろうな、と感じていました」

クラスター発生直後の'20年7月頃には閉店していた歌舞伎町のホストクラブも、ぞくぞくと営業を再開させていく。あわせて、徐々にタワーの注文も増えていったという。

「それでも、コロナ禍の前年とは売り上げは比べものにならなかった。

やっとお客さんが戻ってきたと実感したのは、今年（'21年）の7月です。もう自粛をしていてもしょうがないと、みんな思ったのでしょう。シャンパンタワーがよく建てられる

〝バーイベ〟も例年に近いくらいに打たれています」

現在、櫨山さんは週平均5件のシャンパンタワーを建てている。基本は2～3人で1組のチームを組んで、だいたい1基2時間を目安に組み立てるという。

「シャンパンタワーをよく頼むのは、キャバクラさんよりも、ホストクラブさんのほうが多いですね。というのも、ホストさんには、〝昇格祭〟があるからです」

昇格祭とは、文字通り、ホストの役職が上がったことを祝うイベントだ。ホストには、一般の会社よりも細かい〝役職〟がある。初回に行って名刺をもらうと、それぞれに「社長」や「代表」をはじめ、「支配人」、「主任」、「CEO」、「プロデューサー」、「マネージャー」に「ホスト長」など肩書がズラリと並ぶ。

意外なことに季節的な書き入れ時は、クリスマスのある12月ではなく、7月、8月、9月だという。

「キャバクラさんも、ホストクラブさんも、この時期には『夏祭りイベント』をするんですよ」

櫨山さんがこれまでに作ったというシャンパンタワーの画像を見せてもらった。一番大きいものでは、２５００個のグラスを使った、１基の高さが２メートル以上あるタワーだ。ギリギリまで照明をおとした暗い店内では、グラスの透明感を活かすため、あえて色はつけず下から白いＬＥＤライトで照らし出す。５基のタワーはピラミッド状に天井へと伸びていき、キラキラ光るさまは、まるで、氷でできた宮殿のようだ。このタワーの設営には、男性４人がかりで約４時間かかったという。

「このクラスで、原価は20万弱です。お店ではいくらで出しているかは知りませんが、基本的に、店での値段は使うシャンパンの金額でかわってくる。タワーだけの設営費でいえば、一番シンプルな７段のもので、２万７５００円です」

櫨山さんの言う通り、店内でのタワーの金額は、タワーに使うシャンパンや、その店のルールで決まるのだろう。しかし、姫たちが命をかける、夢の原価は、約３万円……。ホストクラブにいけば、１時間もたたずしてなくなってしまう金額だ。そもそも、３万円では、安価なシャンパンの１本も入れられるかどうかだろう。３００万円で建てたタワーの動画を大事に何度も見返す、ねねさんの顔が頭をよぎった。

櫨山さんに、毎日のように姫たちと担当ホストの「人生をかけた夢」を背負うことにプそれ以上の「パ」を「プ」ばかりにするかないといプレッシャーはないのか、と聞いた。

「うーん、崩れちゃったらどうしようとは思いますね。想像もつかないような金額がかかっているのは理解していますし、とにかく、壊さないよう、キレイに見えるように。それだけを注意しています」

櫨山さんによると「南一」には「男性は、紹介でくることがほとんどだが、女性は志願してくるパターンが多い」という。

同社で働くシャンパンタワー職人の女性に話を聞いた。

櫨山さんの後輩のわさびらぶさんは23歳。仮名を条件に取材を受けてくれた。小柄で、茶系統でキレイめにまとめたファッションのわさびらぶさんは、一見すると、現役女子大生のよう。細身で、前田敦子によく似た清楚な雰囲気の中、髪の毛だけが派手な金髪だ。

わさびらぶさんは、「タウンワーク」の求人を見て、「南一」に応募したという。動機についてこう話す。

「応募の理由は、装飾の仕事に興味があったことと、これまでの職場がネイル、髪色などの規則が厳しかったから、次に働く職場はそこら辺が自由なところが良いと思ったからです」

わさびらぶさんは高校を卒業したあと、介護士となり、エステティシャンを経て現職についた。

「まさか自分がシャンパンタワーを建てたり、店内装飾を仕事にする日がくるとは思ってもいなかった。そもそも、シャンパンタワーはテレビとかで見たことはあり、存在は知っていましたけれど、『シャンパンタワーを作る仕事』があるなんて知りませんでした」

わさびらぶさんは、幼少の頃から家族の誕生日会を開き、折り紙で輪っかを作ってひたすらつないだ「輪つなぎ」の装飾で、天井を飾り付けたりと部屋をデコレーションすることが大好きだった。

「そういう姿を見ていた叔母からも〝センスあるんだから将来は装飾の仕事とかしたらいいんじゃない？〟なんて言われた記憶もあります。まぁ、その時は〝そんな仕事あるの？〟としか思っていませんでした。部屋を飾りつけるのは好きだったけど、職人としてこういった仕事に携わることができるとは思ってもいなかったですし……」

そんなわさびらぶさんが初めて現場に出たのは、２年ほどまえのことだ。先輩たちから

「重労働」とは聞いていたが、実際現場に出てみると、体への負担は予想以上にキツかった。

「体力には自信があったのでさほど苦ではなかった」とは言うが、やはり運ぶ物が多い上に、ひとつひとつが重い。さらに雨が降ってる時にはすべるわ、濡れるわ、だけど、グラスを落とすわけにはいかないわ……で、より大変。だが、そんな苦労も、シャンパンタワーを積み上げていくうちに、吹っ飛ぶのだという。

「初めての現場では『ああ、こうやってシャンパンタワーを建てるんだ！　かわいすぎる！　キレイ！　自分もやりたい！』ってテンションが爆上がりしました。タワーを建てると同時に、店内装飾もしなければならない。朝、店に入った時には当然ですが、何の飾りつけもされていません。『こんな広い店内をどうやってデコレーションしてくるの?!』と驚きましたけど、先輩たちは、魔法のように、あっというまに、ただ広かっただけの店内を〝非日常〟に飾り上げるんです。私も、早くこうなりたい！　今は、日々、先輩のやり方をみて学んでいっています」

櫨山さんはタワーを作る際のポリシーとして「とにかく、壊れない美しいタワーを組むこと」を挙げた。わさびらぶさんに同じ質問をすると「ザ！　かわいい！」と即答した。

そんな彼女がこれまで建ててきた中で、一番思い入れのあるタワーの写真を見せてもらった。'20年5月に設営したというそれは、使用するグラスすべてにリボンをつけて組み上げた〝ピンクリボンのシャンパンタワー〟だ。大小合わせて並び立つ、9基のタワーの、すべてのグラスには、白とピンクの小さなリボンがつけられている。

「タワーを囲む枠には、ハートと丸のゴム風船をたくさんつけてデコり、ご依頼通りに、とにかくかわいくアレンジできました！」という。

タワーを建てる姫たちは、〝一世一代〟、〝一生に一度〟、「結婚式と同じような気持ち」で、サラリーマンの年収に匹敵するほどの金額を用意して、一瞬で消えるタワーに挑む。そういった姫たちの思いを背負うことについて、わさびらぶさんはどう感じているのだろうか。

「自分がシャンパンタワーを入れたことがないから、今のところ、実際に入れる方々のその〝リアルな気持ち〟というのは、正直、想像もつかないところではあります。でも、好きな人の為の愛の形を確実に表現できるシャンパンタワーはすごいと思っている。

タワーをするみなさんの、リアルな心情の細かいところまではわからなくてもその行為が大変なことであるということは、わかります。だから、私にできることは、手抜きは一切せず、ご依頼に合わせて、最高にかわいい！　と思えるシャンパンタワーを日々組み立てるだけ。そういった意識でもって作業に取り組んでます！」

と、姫たちの命がけの熱い思いに対し、あくまでも「職人の矜持（きょうじ）と心意気」を語るのだった。

〝うちの人〟のエースになりたい

ねねさんの話は続く。破局後も、連絡だけは取りあっていたふたりだが、数か月経った後、レオくんは急に音信不通となる。

「もともと、レオは交際中からDV気質で、とにかく激しやすかった。気にいらないことがあると、すぐに手がでるんです。部屋ではもちろん、店の中であろうが容赦なく殴ってくる。理由は私が口答えしたとか、なんかが気に入らないとか、些細なことですよ（苦笑）。私も、やられたまんまでいるわけにはいかないから、殴られたら、ビンタもしますし、ひっかいたりとかしちゃって、最後のほうには、誰も仲裁にはいらなくなっちゃった（笑い）。風のうわさで聞いたんですが、……どうも、レオは傷害事件を起こして、逮捕されて、〝連絡が取れない場所〟にいるみたいです」

レオくんの店に行かなくなっていたねねさんは、歌舞伎町のさまざまな店を回遊魚のように回った。これは、と思うコがいても、なかなかレオくんのようにハマることはできなかった。「いなくなってわかった」というが、レオくんは、初めての担当であり、初めてシャンパンを卸した相手でもあり、初めてのタワーをしたホストでもあった。すべての歌舞伎町での「初体験」は、レオくんとともにあり、彼女にとっては、上書きが難しい「特別な相手」だったのだ。

その頃、さまざまな店舗に入ってみたものの、だんだんとホストクラブにも飽きてきたねねさんが、唯一行ってみたいと思えたのが、歌舞伎町の老舗中の老舗であり、ホストクラブ業界でもナンバーワンといわれる有名店『X』だ。

ある日、いきつけの店でシャンパンを卸し、ほどよく酔っぱらったねねさんはどうしても、飲み足らなかった。だがその店にはツケである〝売掛け〟があったため、飲みなおしをすれば借金が増えてしまう。ふらふらしていたところ、外販に声をかけられた。いい気分に酩酊し、気が大きくなっていたねねさんは外販に「Xに行きたい！」というと、外販はすぐさま初回を手配。ねねさんは、初めて、念願の『X』に足を踏み入れたのだった。

「その日のことはあまり覚えていません。ただ、入れ替わり立ち替わり、ホストがきて。最後の最後についたホストのルックスが、とんでもなくストライクで、一目惚れしちゃったんです」

それが、今の担当である「紫陽くん」だ。その日から、ねねさんは、レオくんの存在の喪失をうめるかのごとく、紫陽くんに夢中になった。ねねさんは「ほら、見てください！かわいいでしょう?」と、紫陽くんの名刺を出した。そこにはにっこり微笑む人形のような男性の写真とともに、「咲花　紫陽」と、カレの源氏名が印刷されている。

「もしかして……」と聞くと、「そうですよ」と笑う。彼女が身に着けている印象的なアジサイのピアスも、手にしたアジサイモチーフのバッグも、そして「アジサイ」を模したネイルアートも、季節に合わせていたわけではなく、すべて「紫陽花」にちなんでつけられたカレの源氏名に合わせていたのだ。

ねねさんは、紫陽くんのことを「うちの人」と呼ぶ。紫陽くんは、これまで指名していた同年代のホストとは違い、かなり年上の30代半ば。これまで、ホストだけではなく、カレシも年下男性が多かったねねさんにとって、店外デートには高級寿司屋か渋いうなぎ屋、時には料亭にも連れて行ってくれる紫陽くんは新鮮に映った。加えて、日本でも一番有名といわれる『X』のベテランホストである。ねねさんが心底、夢中になるまでに、時間はかからなかった。

「とにかく、私は〝うちの人〟のエースになりたかった。金額では、私一人では支えることはできない。だから、せめて、本数だけでは一番になりたくて、自分の友達を連れてきて、全部カレの指名にした。1日で10本、指名をつけたこともありました。友人たちの飲み代はもちろん、全部私が支払いました」

ねねさんは、自分でもこんなにやれるのか、と驚くほど、頑張りすぎるくらい頑張った。月に平均150万円以上をつぎやし、自分が店にいけない時には、友人を指名客として店に送り込み、自分は休みなく、ソープで働いた。とにかく、〝うちの人〟のナンバーをあげるための資金を稼いだ。だが、こちらが話を聞いているだけでも破綻が予期できるような彼女の〝頑張り〟は長くは続かなかった。いつしか〝努力〟は〝無理〟となり、〝こんなに無理したのに〃という気持ちから、相手に、過度な見返りを求めるようになったのだ。

「どうしても振り向いてほしかった。私を、カレの特別な存在にしてほしかった。それが高じて、毎日すごくしつこく連絡したり、カレの家にアポなしで押しかけたりするようになってしまって……。距離を置かれるようになったんです」

「自分でも、こんなことをしたら嫌われる」とわかっているのに止まらない。誰かに止めてほしいという気持ちもあるが、一方でここまでしたら構ってくれるのでは？　という期待もあった。お金を使っていれば、カレは戻ってくるのではないか、と、ひたすらお金を作り、店に通う。そして、反動で、「嫌われるようなこと」をしてしまうという繰り返し。ついには紫陽くんから「もう店に来るな」と、きっぱりと拒絶されてしまう。


ねねさんは、かなりの上客だ。それを切る、というのはなかなか聞かない話である。しかも、「絶縁」を言い渡された月は、ちょうどカレのバースデー月だ。「少なくとも、客でいるかぎりは、繋がっていることができる。バースデーイベントという、1年に1回のホストにとって特別なイベントがあるうちには、客である私を切るはずはない」と細い糸にすがるような気持ちだったねねさんの最後の糸も、紫陽くんの手で断たれてしまったのだ。

ショックのあまり、ねねさんは、自宅マンションの浴槽で自殺を図る。台所から包丁を取り、浴槽にお湯を張った。命を絶つと決めた時、思ったことは「最後は自分が一番幸せだった時の映像を見ながら死のう」ということだ。選んだ動画は、レオくんとの、あの結婚式の披露宴みたいな、シャンパンタワーの動画だった——。

「でも、死にきれなかったんですね。包丁を首にあてたところで、死んだらどうなるんだろう、ということをリアルに考えてしまい、怖くなって、やめてしまった。臆病ものです」

と、力なく笑う。

もちろん、このことをカレにいうつもりはなかった。そのまま、カレの前から姿を消すつもりだった。しかし、心配した友人が、カレに、ねねさんが自殺を図ったことを伝えたのだった。

そんなねねさんに対し、紫陽くんがかけた言葉は「もうＬＩＮＥもブロックする。店には一生くるな。死にたいなら死ね」という、辛辣きわまりないものだった。

私の取材に応じてくれたのは、その出来事から、わずか数日後のことだった。

「私と紫陽くんがこうなったのは、紫陽くんが歌舞伎町のホストだったからじゃないと思うんです。たまたま、私が好きになった紫陽くんが、歌舞伎町でホストとして働いていただけ。きっと、どこの街で出会っていても、紫陽くんとは恋に落ちたし、相手がカレであるかぎり、結果は一緒だったと思う。私は、自分のことを好きだという相手は好きになれないんです。自分が好きになる男性としか、付き合えない。でも、そうすると、結局いつも相手は、ホストなんですよね……」

〝人生最後〟の本当の恋

取材から4日後、ねねさんは歌舞伎町を出て、実家に帰ることに決めた。大好きなお母さんは、レオくんへのタワー資金の援助をしてくれた頃にはすでに闘病中だったといい、タワーからほどなくして、若くして他界してしまう。ねねさんは、一人でいるとどうしようもなく苦しく、うつ状態になってしまうこと、自分でも自分の感情をコントロールできなくなっていること、病みに病んでしまったことを父親に率直に話した。

しかし、今の自分の仕事と、病んだ理由がホストクラブ通いであることはどうしても話すことができなかった。すると父親からは、理由を詮索されることもなく「何も考えずに、実家に帰っておいで」と言われたという。今まで、娘のことは妻にまかせきりで、どこか、距離があった父親。しかしその妻は亡くなり、肉親は自分ひとりになってしまった。それに加えて、新型コロナウイルスの感染拡大は若者にも猛威を振るっている。そんな中娘は歌舞伎町にひとりで住んでいる。口には出さなかったからか、ねねさんはまったく気が付いていなかったようだが、父の、娘に対する心配は、いかほどだっただろうか。

「私は歌舞伎町で、いろいろな人に騙されたり、裏切られたりしたけど、親がいて良かった。あまり人は信じていないけど、親のことだけは信じています」

そして、続ける。

「紫陽くんへの気持ちはまだ変わっていません。

少し前、女の子が『好きで好きで仕方なかったから』と、ホストを刺しちゃった事件があったでしょう？　私の場合は相手を刺さずに、加害は自分に向かったわけだけど、彼女の気持ちはすごくよくわかる。もしかしたら、私は彼女だったかもしれない。

紫陽くんに最後の拒絶をされる前、私はアポなしでカレの家に押しかけて、ピンポンを押しまくったのですが、カレは私を完全に無視して、警察を呼びました。今思えば、それはカレの優しさだった。私は、どうしても、カレに嫌われることをしてしまうのだけれども、どこかで、誰かに止めてほしかったのだと思う。カレが私を拒絶せずに、私を部屋に迎え入れていたら、私は、カレを刺していたかもしれない。警察に連れていかれたからこそ、私は留まることができた。カレを刺さずに済んだんです。

私にとって、紫陽くんは、〝人生最後〟の本当の恋。カレにはハッキリと『嫌いだ』と言われてしまったけれど、それでも、時間がすぎれば、また、思い直してくれる時がくるんじゃないかって。その日まで、私は、カレと一緒の席に着くことはなく、店のレジに〝接客してもらったつもりぶん〟の金額を入金だけしにいきます。そのことについては、お店の人も、『わかった』といってくれました」

すさまじい自己犠牲精神である。そのために、ねねさんは、どれだけお客をとることになるのか。事実、彼女は、私に「カレに入金だけするため」に「前借りができてより稼げる店に移籍した」と話した。ねねさんの「幸せ」の背後には、「女性からお金を搾取するシステム」が確実に存在しているのだ。

ねねさんは続ける。

「歌舞伎町の外の人は『歌舞伎町はお金の価値が安い、お金が紙みたい』と言いますけど、歌舞伎町の人間のほうが『お金の重さをわかっている』と思いませんか？

お金を稼ぐのって大変じゃないですか。だからこそ、私たちは、死ぬ思いで稼いだお金を、〝愛のカタチ〟として、捧げるんです」

ねねさんに、レオくんとの2回にわたるタワーといい、紫陽くんのことといい、なぜ、そこまでするのか、と聞いた。すると、ねねさんは、一瞬考えこみ、それから、私の目を見て言った。

「なんでしょうね。私はもともと、目立ちたがりで、目立つことが好きで、役者とか声優とか、人に見られる仕事につきたかった。やっぱり、形を変えても、人に見られたい。誰かにずっと、自分だけを見ていてほしい、という気持ちがあるんでしょうかね……」


「パパにシャンパンタワーしたい！」

実家に帰ったねねさんから再び連絡が来たのは、約半月後のことである。彼女は元気だろうか、メンタルが弱そうだから、精神的にまた参ってはいないだろうか……と、考えていたところ、彼女から久々にＬＩＮＥが届いた。

文面には〈お元気ですか？　カレと完全復活しました！　つきましては、カレに本数をつけるため、ご招待でお店に来ていただけませんか？　お金は全部、私が持ちます！〉とある。頭の中がクエスチョンマークで一杯になり、「どうしましたか？」と彼女に連絡すると「あれから、カレと復縁したんです！　こうなったからにはカレをグループで、せめて2位にしたくて、毎日友達を呼んでいて、ついに１２０組になりました！　1週間であと60組よべば、グループで2位にはなれますから！」と、かなりのハイテンションの返信が来る。

彼女のＬＩＮＥのタイムラインを見て見ると、「しゅきしゅきしゅきしゅき！　ねねりん完全復活！　あとは安定剤（※精神安定剤・抗不安剤のこと）が抜けるの待つだけ！」と大量のハートマークと薬のカプセルという、どこか禍々（まがまが）しい絵文字で近況が綴られている。

ふと気になり、「レオくんのタワーの時って、コロナが大変だった頃ですよね。コロナ禍は、ねねさんにとってはどうだったんですか？」と尋ねると、きょとんとした様子で「いや、お店に全然でれなくて、稼げなかったら、当時の太パパが50万円くれたので、掛けが払えましたよ〜」と笑う。

ねねさんにとっては、歌舞伎町を襲ったコロナ禍はもちろん、ホストに費やす多大なお金も、時間も、身を削って働くことも、辛い思いや苦しい気持ちも、自分の「病気」ですら、全身で楽しんでいるように見えた。歌舞伎町を舞台とし、周囲をも巻き込んだ、大いなる「娯楽」なのかもしれない。

ねねさんは、父親が待つ自宅へと帰っていき、そこから、店へと「連勤」している。

「実家に帰ってメンタルが安定しました！　今は『何も言わずに戻っておいで』、と言ってくれたパパに、シャンパンタワーしたいくらい感謝してます」と、彼女ならではの言い回しで、父親への愛情を語る。「父親が私の仕事に薄々気付き始めたようでヤバイ」としながらも「〝ホス狂い〟と、この仕事を隠し通すのは娘の義務」とも言う。親の気持ちを考えると何とも複雑な気持ちになるが、ねねさんは相変わらずあっけらかんとして悲愴さのかけらもなかった。

「新規事業」のお相手は〝P活のおぢ〟と〝女のコ〟

ねねさんが実家に戻ってから1年後。うなぎ屋で再会した彼女には大きな変化が起きていた。

「ずっと川崎のソープで働いてたんですけど、今はお風呂はほどほどにして。収入のメインは〝パパ活〟にシフトしていってます」

コロナ禍の少し前から、よく耳にするようになった「パパ活」という言葉。女性が「パパ」と会い、お茶や食事、時には「大人の関係」を持ち、対価を得る行為だ。二十数年前であれば「援助交際」と言われていたものだろう。「パパ活女子」、略して「PJ」は「パト」などのパパ活専用マッチングアプリや、お金持ちの紳士たちに強いパイプを持つ、パパ活のボス的存在の女性が統括するグループ下で、パパたちと「マッチング」することが多いという。

ねねさんの「パパ」は、昔なじみのお客さんから、知人を介しての紹介、SNSで出会った新規の客までと幅広い。

「私も25になって、お風呂の仕事も疲れちゃって。お風呂ってマットプレイがあったりとか、全身酷使する肉体労働じゃないですか。それに、必ずノルマで2回戦しなきゃいけないんですけど、それが本当にめんどくさい。パパ活だと、そういう決まりもない。ただ、相手のおぢ（※PJ用語でおじさんのこと）がすごいいい人だったりすると、こっちも嬉しいから自発的に2回戦しちゃうんですけど、そうすると、向こうは、そうとう驚いて、こちらがびっくりするくらい喜んでくれるんです。お風呂だったら、当たり前の行為で、お客さんも『ふ〜ん』って反応だったのに（笑い）。そうなると、時間も場所も、シフトも自由になって、雑費や罰金もひかれない『パパ活』のほうが、私には合ってるなって」

きちんとした組織が介入して、何かあった時には店が守ってくれる風俗店への勤務と、顧客管理から危機管理まですべて自分でやらなければいけない「P活」では、危険度はケタ違いだ。現に、その日も彼女は〝新規パパ〟にドタキャンされているではないか。

「いるんですよ。パパ活やってると、PJに嫌がらせするためなのか、待ち合わせ場所まで行って、着いたと連絡したとたん、ブロックしてくるヤツとか（笑い）。もう、こっちは交通費と時間の大損です」とこともなげに笑うが、むしろ、私にはそのくらいで済んでよかった、としか思えない。

ルックスもサービスもいいねねさんは、現在、相場が落ちたといわれ性的関係を持つ「大人」ですら通常3万、良くて5万とされる「P活市場」でも、平均2ケタをはじきだす。

そして、大きなリスクを伴い稼ぎ出したそのお金は、もちろん、すべて「うちの人」に注ぎ込むのだ。

あわせて、ねねさんは「新規事業」を始めていた。

それは、「夜の女のコ」そして「ホス狂い」をターゲットとした「タロット占い」だ。

もともと占いが趣味で、SNSで知り合った女のコたちを占ってあげていたねねさんだが、昨年の自殺未遂騒動の後、本格的に腰を据え「夜の占い師」を名のり「ホス狂い」たちの相談にのっている。それだけではなく、SNSでお客をつのって、自分が風俗店で磨いてきた「夜の接客テクニック」の実技指導も始めたのだ。「女の子同士」であり、個人的に顧客も多いねねさんのテクニックは、お金を払っても教わりたい女のコは多いだろう。

さらには、「直接会うのは……」というコたちのために、自身で編み出した「マニュアル」も販売している。ねねさんは「マニュアル」について、こう解説する。

「初心者向けには、まず5000円のマニュアル。これは、会話とか接客、プレイの基礎中の基礎の説明になります。それよりもっとディープなワザを知りたいというコたち向けには、3万円のマニュアルを作っています。私もそうだったけど、お客さんを増やすためにマニュアルがあったら、どれだけ助かるだろうって思ってたんですよね」

価格設定も、まずは手に取りやすい5000円。しかし上級者向けには、あまりにも安いと、希少性が感じられないということでちょっと高いが、手が届かないというわけではない「3万円」に設定したという。

それまでのねねさんは、男性に自分の肉体を提供することで対価をもらい、それをホストたちへと費やしていた。ねねさんは、かつての自分のような女のコたちをも、今「お客」としているのだ。

二度目の自殺未遂と歌舞伎町「食物連鎖」

「うちの人」とねねさんの関係は相変わらずだ。2人は自殺未遂からの店の出禁という、あれだけの派手な修羅場を繰り広げながら、まるでそれがなかったかのように、「復縁」

している。彼女は、実家に戻ってからも川崎へ通い、新規事業も含め、荒稼ぎをしては、売り上げを紫陽くんに注ぎ込んでいる。その〝頑張り〟たるや、ついに月に２００組以上を自腹で呼び、超有名店である『X』で、紫陽くんを指名組数ナンバーワンに押し上げたほどだ。

その日、うなぎでお腹を満たした私は、ねねさんに誘われ、『X』へと向かった。久々に会う紫陽くんは、相変わらず、橋本環奈似の童顔で、とても30代半ばには見えない。しかしあくまでも私の主観ではあるが、目の奥が笑っていないようで、何を考えているのか読むことができない。ねねさんは紫陽くんが席に着くと、それまでとは打って変わって、別人のように「甘えん坊」になる。さっきまで、理路整然と「夜のマニュアル販売」について語っていた同じ口で、「しゅきしゅき♡」と赤ちゃん言葉でささやくのだ。

紫陽くんが席に着いて、ほどなくすると、ねねさんは、持っていたアジサイカラーの小さなバッグから、分厚い札束を取り出した。むき出しのお札を、私の目の前で「いち、に……」と紫陽くんと数えだし、金額を確認して、手渡す。おそらく、売掛金の入金なのだろう。しかし、むき出しの大金と、それが平然と渡される光景の異様さに、私は思わず面食らってしまった。

その夜から約1週間後。3月の締め日に、紫陽くんに本数をつけにいく約束をしていた私は、ねねさんに連絡をしたが、一向に連絡がとれない。電話に出ることもなければ、LINEのメッセージすら既読にならない。おかしいなと思いつつも、その日はひとりで店の入り口のレジで料金だけ支払って帰る「キャッシャー会計」をし、店を後にした。

それからもしばらく音信不通だった彼女から、久々に連絡がきたのは、4月半ばのことだった。

「お久しぶりです。自殺未遂をして医療保護入院になっていて、携帯も取り上げられ、今日退院してきました」――。

予想もしていなかった内容に、思わず、送られてきたLINEのメッセージ画面を何回も見返してしまい、「また⁉」と、心底驚いた。

出会って1年もたたないうちにで、「自殺未遂した」という報告を2回受けるという経験は、記者としてさまざまな取材を重ねてきた中でもめったにないことである。その上、生命にかかわる一大事を、彼女はＬＩＮＥで簡素な文でサラッと報告し、さらには、誰もが見ることができるＳＮＳにも、一部始終を綴った文章を投稿していた。ねねさんからのメッセージによると、紫陽くんは自分の前で他の客の悪口を言う。それが嫌で注意をすると逆切れをする。その他紫陽くんからのちょっとした仕打ちの重なりで、メンブレ（※メンタルが不安定になること）を起こした彼女に、また、紫陽くんは「死ね」と言い放った。売り言葉に買い言葉もあったのだろうか、ねねさんは再度、自殺未遂をする。以前と違い、今回は、「行動」を起こし、生死をさまようこととなり、緊急に医療保護入院となったのだ。

内容の凄絶さに反するように、ねねさんの態度は、明るく、あっけらかんとしている。

「それでも、彼は私のことを心配してくれて、私の女友達に連絡をとると、私がイヤな思いをするかな、って気を使ってくれて。女友達の彼氏とやりとりして、私の近況をいろいろ聞いてくれたんです」

そして、ＳＮＳに「大好きな友達が、自殺未遂後に心配して、私の占いの枠を90分、買い上げてくれて、いっぱい、お話をしたよ♡」と綴る。あおいさんもそうだが、歌舞伎町での「心配」は、こうやって、時間を「買って」形にすることだ。私がいくら「心配です」

と言っても、口だけではなんの役にも立たない。「友情」も「優しさ」も、本人が言う通り「愛情」も、課金という形にして示すことが当然であり、礼儀であるということだ。

一回目の自殺未遂の直後はあれだけ、悲愴感がただよっていたねねさんだが、今回は、間違いなく、当時に比べ「たくましく」なっていた。


ねねさんは、その後もかわらず『X』店に通い続けている。

4月後半、ねねさんは、紫陽くんのため、高級シャンパン「エンジェル」を下ろした。

「エビバディ⁉　歌えて、占えて、ハメれるアイドル〝姫ちゃん〟だよ～‼」。

シャンパンコールでは、彼女自らマイクを持ち「自殺未遂をして医療保護入院となっていましたが帰ってきました～！」と強烈すぎるコールをする。すると自卓の客からは「おかえり～！！！」と盛大なレスポンスが返る。ねねさんは、満面の笑顔でマイクを続ける。

「自殺未遂の理由は、王子に『死ね』と言われたからで～すっ！」。これには隣にすわる紫陽くんも、さすがに苦笑いだ。テーブルでは何事もなかったかのようにコールのためのマイクが回され、乾杯が繰り返されていた。

ねねさんの働きもあってか、同月、紫陽くんは、指名本数だけでなく、売り上げでもナンバーワンを獲得した。同店でナンバーワンとなることは、すなわち、歌舞伎町、ひいては、日本のホストのナンバーワンとなることを意味する。

ホストとして頂点を極めた彼は、次はどこを目標とするのだろう。

「宇都宮さん、P活したいおぢがいたら紹介してくれませんか？　P活したい女のコはいっぱいいるんですけど、おぢがいないんですよねぇ」

ねねさんからの相談は、いつも唐突だ。現在、彼女自らが「元締め」となり、パパ活グループを主宰、PJたちにパパを紹介している。保証人がおらず、家を借りられないという女のコたちには、どういったルートを介してなのか、不動産まで斡旋している。

かつて、ねねさんの「お客さん」といえば、彼女が働く店舗に来る客であり、P活での「おぢ」たちだった。だが今は、その相手は、かつてのねねさんと同じ「夜の女のコ」たちにも広がっている。もともとそういった素質があったのだろうか。歌舞伎町に足を踏み入れて約6年。ねねさんは、女のコへのマニュアル販売も、ホス狂いたちへのタロット占いも「自分がまだ右も左もわからなかったときに、マニュアルがあればと思っていたし、カレたちとのことも、ただ相談して、話を聞いてもらうのではなく、お金を出して、占ってもらって『結果』を知りたいと思っていたんです。私が当時、欲しかったものを、私がやればいいいんじゃんって！」とすべて、この街の女のコや、同じ立場のコのために始めた「善意」のものだ、という。

しかし、そこには、対価として金銭が発生する。ホストが彼らとの時間を課金制にしていることと、ある意味では同じだ。そういえば、ねねさんはホストたちからの自分に対する扱いについては頭を悩ませていたが、そもそも、ホストから接客を受け、対価として大金を費やすことに対しては、疑問を持っていないようだった。

「〝姫〟と〝ホスト〟である限り恋愛問題のもつれはお金で解決できる」

自殺未遂のほとぼりが冷めた頃、ねねさんとその友人でホス狂い仲間のミドリさんが店に行くというため、私も同行させていただいた。

移動中のタクシーの中で、２人は「大好きなカレ」に会うために、おしゃべりをしながらいそいそと化粧直しをする。

ねねさんはファンデーションをはたきながら、私に「今も紫陽とは大喧嘩中なんです。でも、毎日店には顔を出してます。私、偉くないですか？」と言う。ねねさんと紫陽くんは、話を聞くたびに、毎回、喧嘩している。本来喧嘩中であれば、顔もみたくないであろう相手に、なぜわざわざ大枚をはたいて、会いに向かうのか。

「だってカレのことが大好きだから！　だからこそ怒るし、喧嘩になるんじゃないですか」

ならばどうして腹をたてながらも、カレの店に顔を出すかについて尋ねると、

「お店にいけば解決するじゃないですか」と、まるでこの質問の内容自体が、不思議なものであるかのように、目をぱちくりしながら答えるのだ。彼女は続ける。

「カレとの問題は、すべて、お店で私がお金を使えば解決する。支払った分の〝見返り〟があるのは当然でしょう？　昔からの地元の友人から『どうして彼氏にお金を払うの？2人の間に大金が介在したら、それは〝恋人同士〟とは言わないんじゃないの？』と言われたことがありますが、〝ホスト〟と〝姫〟の関係であれば、お金を払えば、すべての問題は解決するんです」

それを聞いたミドリさんも「そのために稼いで〝ホス狂い〟をやっているんじゃないですか」と、屈託なく笑う。確かに、一度は〝出禁〟となったねねさんだが、「キャッシャー会計」によってふたりの仲は修復された。

まだ年若い彼女は、この境地に至るまでに、どれだけ「取り返しのつかない人間関係」で苦しんできたのだろうか。

ねねさんは、今夜も元気に『X』へと連勤している。

第45章 「歌舞伎町の女王」エミカさん

紫陽くんの本カノになりたいねねさんは、彼を「うちの人」と呼ぶ。いちごチェリーさんも、最初こそホストと恋人関係にはなりたくない、と言っていたが、徐々に「良人くんやキラオくんは私のことを好きだと思いますか？」と聞いてくるようになっていた。「ホス狂い」の女のコたちは、最初のうちは「私はカレを応援したいだけ」「カレは恋の対象ではなく推し！」などと言ってはいるが、じっくり話を聞いていくうちに〝本音〟が飛び出してくる。それは「担当の〝本当のカノジョ〟になりたい」という、切実な思いだ。どれ程お金を積み、そして性的関係を結んでいても、実際、本当のカノジョなのか、と言えば、おおむね答えは「否」。

「客」と「ホスト」の関係からは逃れられない、と、彼女たちは日々、頭を悩ませる。そして「ホス狂い」である彼女たちは、逆に、自分たちがそう名乗っているうちには、ホストたちの本命にはなれないだろうと、どこかで一線を引き、「叶わぬ恋」に対し、精神的な安定を保っているのかもしれない。実際、高岡も、琉月さんとは早々に一般的に言うところの「彼氏・彼女」の関係となり、同棲も開始していた。しかし、高岡からしてみれば、「自分は本当のカノジョではない」という思いを抱え、凶行に及んだのだ。

このように歌舞伎町には担当に恋こがれる女のコがあまたいる中、エミカさん（仮名・30歳）は、ちょっと違う。出会うホストたちを、まるで、なぎ倒すかのごとくに夢中にさせ、ごくごく自然に「本カノ」、ひいては「奥さん」の位置に収まるのだ。

「マッチングアプリ」としての歌舞伎町

私がエミカさんと出会ったのは、'19年5月末。歌舞伎町のホストクラブでのことだ。

その日は、美容整形外科医院「アテナクリニック東京銀座院」の定村浩司総院長に「パパ活女子と美容整形」についての取材をしていたところだった。取材後、定村総院長は「宇都宮さん。『パパ活女子』と『美容整形』について取材するんだったら、ホストクラブにいかないと。パパ活女子は、金が貯まるとホストにいって、それから、美容整形に走るというのが、お定まりのコースなんだよ」という。

幸い、その日は、この後、クリニックの関係者が、仕事で提携しているホストクラブに、「普段お世話になっているお礼」として顔を出すという。「取材がてら、一緒にくればいいのでは」とお声をかけていただいたので、ありがたい話だと同行させてもらった。

この日は店のプロデューサー・透さん（仮名）のバースデーイベントが開催されていた。クリニック関係者とともに店内奥のＶＩＰ席に通され、透さんと同店のナンバーホストたちに「パパ活女子と美容整形」について取材していたところ、そこに現れたのが、エミカさんだった。エミカさんは私たちと同じ卓に通された。透さんは、私にエミカさんのことを、部下のホストたちの目前で「エミカです。僕の彼女です」と紹介する。ホストクラブで、それもホスト雑誌の表紙を飾るような有名ホストに「彼女」を紹介されたのは、後にも先にもこの時だけだ。同店のナンバーワンホスト・皇アミンくん（仮名）も、エミカさんの前では心なしか、緊張ぎみに見えた。

さすが、ＶＩＰ席というべきか。我々の席には、あとからあとから、ナンバークラスのホストたちがやってくる。エミカさんは、ホストたちが席を立つたびに「あの子は、キレイな顔で人気もあるけど、お客さんにベタベタするばっかりだから、そろそろ頭打ちだね」などと、ホストたちに容赦のない評価を下す。その佇まいや、ホストたちからの扱いは、さながら〝姐さん〟である。

実際、店内でのエミカさんは「透さんの奥さん」として迎えられ、控えめながらも店の空気を支配している「女王」だった。イベントの主役である透さんは自分のお客さんの席でさんざん飲まされながら、こちらの席に戻ってきては、私たちに「俺の趣味は、エミカだけだから」と真顔でのろける。VIP席だからいいものの、透さんの他の客に聞こえてしまったらどうするのか、とこちらがひやひやするほどだ。

深夜の店内は、女性客で溢れかえっていた。シャンパンを何本も入れる女のコ、「飾りボトル」のシンデレラを卓上に何本も並べているコ…。ノンアルコールの、ただの水なのに一本何万円もするフィリコのボトルを一気に何本も注文するコ……。札束が飛んでいく店内で、エミカさんが目の前の卓に置いているボトルは、店のメニューの中では2番目に安い1万8000円の「二階堂」だ。なのに、エミカさんは、バカスカお金を使う、他の女のコたちとは、あからさまに一線を画しているのだ。これこそが、まさに「女王の風格」である。

そんな風景を横目にしながら、VIP席で、エミカさんは言う。

「歌舞伎町って、実は『女のコのための街』なんです」

当時、まだ実際に住んでみる前、私の中で歌舞伎町のイメージといえば、高級キャバクラやファッションヘルスに、昔なつかしの〝覗き小屋〟、乱立する個室ビデオ店など「男性の欲望をかなえる街」というイメージが強かった。エミカさんが続ける。

「歓楽街、繁華街の中でもキャバクラや風俗よりも、ホストが多いのは歌舞伎町だけ。それこそ、町を歩けばホストにあたる。

ホストは、キャバクラとちがって、『なんでこんなのが……』って首をかしげるようなコも多いじゃないですか。ホストは、顔やスタイルだけじゃない。ほんと変な顔でも、話がうまかったり、それこそ、とことん共感してくれたり。これだけホストがいれば、その中には、そのコにピタリと合うホストもいる。歌舞伎町という街全体が〝マッチングアプリ〟みたいになってるんです。歌舞伎町は、女の子にとっては、お金がなくなったら働く場所もあるし、良くも悪くも、『女のコのための街』なんです」

なるほど、と膝をうった。歌舞伎町を俯瞰で見ることができる、彼女ならではの分析だと感心した。その後歌舞伎町に住んで、ホストとの関係に病んで泣いている女のコを日常的に見かけるようになった私は、取材をする中で、彼女のことを思い出していた。

女王様の「3回ルール」

歌舞伎町に住むようになってしばらくして、久々にエミカさんと連絡を取り、会うこととなった。待ち合わせ場所であるザ・リッツ・カールトン東京スカイロビーの「ザ・ロビーラウンジ」に現れた彼女は、腰までの長い髪の毛をゆるくカールさせ、熱帯魚みたいに鮮やかな色のリゾート風のワンピースを着ている。芸能人も多く利用し、美人はゴロゴロいるリッツ・カールトンでありながら、その美貌はかなり人目をひくようで、ロビーでは振り返って彼女を二度見する外国人客やカップルがいた。エミカさんは、そんな視線をものともせず、慣れた様子で席に着くと、「今、コロナですから、注文の仕方もいままでと違って、タッチパネルになっちゃって、なんか風情がないですよね」とほほ笑む。爪も直したてみたいにキレイで、ドリンクを飲んでも、塗られたグロスがはげることもない。歯は、真珠みたいに真っ白で、CGのようだ。以前よりも「ただものではない」感が増していた。

エミカさんの歌舞伎町デビューは意外と遅めの23歳だ。

「もともと、私は大宮でキャバやっていたんですが、その頃、キャバの友達は、みんなこぞって大宮ホストにハマってた。でも、私から見た大宮ホストって死ぬほどダサくって、みんななんでこんなのにお金払ってるんだろう……って」

当時は「ホスト」自体にまったく興味のなかった彼女だが、ある日、彼氏にフラれてむしゃくしゃしていたところに、地元の友達から遊びに行こうよ、と声がかかる。2人の共通の友達に連絡すると「今、歌舞伎町でホストやってるからおいでよ」といわれ、初めて歌舞伎町に足を踏み入れたという。

初めての歌舞伎町は、大宮の繁華街とはまったく〝別物〟だった。ホストたちは、当時流行っていたクロムハーツのベル型のチャームを付け、ホストたちが動くたびに、ベルがチリチリと鳴る。エミカさんは、「これが歌舞伎町か！」と感動した。「とにかくキラキラ感がすごかった」という。エミカさんは、その日、その店で一番最初についた男の子と付き合うことになった。

「カレとは、最初は色恋営業だったのですが、一緒に住むようになってからは私も毎日、店に行くようになった。カレが店に行くときは、私と同伴。家には、私がいるからって、アフターもしなくなった。私たちがいつも一緒にいるから、他のお客さんにも〝関係〟がバレバレでした。彼はプライドのカタマリみたいな人でした。被りのお客さんから『アフターしないのは、どうせ家にエミカがいるからでしょ！』ってツメられて、そんなことないよ、っていえば良いのに『だからなんだよ！　お前にそんなこと言われる筋合いはねぇよ！　だったらいらねぇよ！』っていって、切っちゃうんですよ」

これはいけない、私のせいで、彼のお客さんが〝切れる〟というのであれば、私が彼を売れっ子にしなければ、と、エミカさんは、一念発起し、当時働いていたキャバを辞め、デリヘルに移籍する。しかし、デリヘルの仕事はエミカさんには辛いものだった。「労力に対しての金額が見合わない」という気持ちがエミカさんを苛んだ。それが接客にも表れるからか、うまく指名客もつかない。お金は稼がなければいけない、しかし、デリでは自分を活かせない……。悩んでいたその時に、声をかけてきたのがＡＶのスカウトだった。

当時は、成瀬心美や蒼井そらなど、アイドルＡＶ女優の全盛期だ。タレントとセクシーアイドルの境目はあまりなく、エミカさんは抵抗なくＡＶデビューを受け入れた。

「水が合ったんでしょうね。ＡＶは、今も唯一続けられている仕事だから、天職だったのかなって思っているくらいです。それでも、始めたきっかけは、やっぱり『カレのためにお金を稼ぎたい』ということでした」

若くて美しいエミカさんのAVは売れに売れた。彼女には「売れっ子AV女優」というブランドがつき、デリヘルでの〝単価〟はそれまでの10倍に跳ね上がった。

エミカさんが、稼ぎに稼いでいる同時期、カレは店をクビになっていた。「エミカにはまりすぎて〝色ボケ〟した」と客と店から〝三下り半〟を突き付けられたのだ。ほどなく彼は新店に移籍するが、そこが、とんでもない「ブラック店」だったという。当時、彼は月に150万売り上げたというが、給料はゼロ。結局、その店は、2か月で閉店してしまった。移籍をよぎなくされた彼は、「どうせ働くなら有名店だ！」と業界でも最大手のグループに移籍したのだ。

有名店は売り上げに対してシビアだ。エミカさんは、最初の店は自分のせいでクビにさせてしまったという負い目を感じており、とにかく、稼ぎ、そのお金を彼につぎ込んだ。だが、それが裏目に出た。カレは、エミカさんという「太客」ができたことにあぐらをかき、一切「営業努力」をしなくなったのだ。

「私はこんなに頑張っているのに、この人はなんなんだろう、ってスッと、さめちゃったんですね。もともと共依存状態に陥っていた部分もあったから、お互いに良くないな、とも感じていました」

2人はほどなくして別れた。フリーになったエミカさんがフラフラしていると、友人から、大阪にお気に入りのホストがいるから遊びに行こう、と誘われる。そこで知り合ったのが、透さんだ。

透さんとは、お互いに〝一目惚れ〟だった。それにしても、毎回、初対面でホストと付き合うことになるエミカさんはやはり、スタートから他のホス狂いとはどこか違うのだろうか。

「ホストと客も、所詮は男と女。3回会って関係に進展がなければ、それは脈なしです」と言い切るのだ。

透さんとは最初は遠距離恋愛だったが、しばらくして透さんが「もっとビッグになるため」東京に進出してくることとなる。当時から、透さんは大阪ではすでに名前の売れた超有名ホストだった。

「透が東京に来てからは、この人の顔を私がもっと立てなきゃいけないんだって、使う金額がすごく多くなったんですよ。アベレージは月350万円は欠かさなかったし、多いときは月500万円、一番多かった時には月に1800万円、使ったことがありましたね。その時は『ブラックパール』というボトルを入れました。その時、歌舞伎町でブラックパールを入れたことがあるホストはまだ2、3人しかいなくって。透は、とにかくイケイケで、トップを取るにしても、ただの一番では嫌だという人。常に『オレがこの街で伝説を作る』と言っていた。だから『誰も入れたことがないのを入れたいし』みたいなことを言ってて、じゃあ、年末に入れようねって、頑張ったんです」

『ブラックパール』とは、高級ブランデー・レミーマルタン『ルイ13世』を、アサヒビール株式会社が、高級クリスタルボトルに詰めた、希望小売価格が正規の値段で100万円という破格のブランデーだ。

「そのときは、AVと、あと、結構太いパパがいて、パパ活とAVとキャバクラの、3つの仕事をかけもちしていました。1日10万円以上稼がないと寝ないって、自分で決めていましたね」

当時のエミカさんは基本的に、休みの日がなかった。月に1日、生理2日目で我慢できないほど体調が悪い日に休むだけだったという。「とにかくアドレナリンが出ていた」こと、「自分の人生でここまで稼げたことはなかった」こと、「自分にはここまでの価値があったのか」とのことで、ハイになり働けた、と当時を振り返る。さらに、エミカさんが頑張ることができた理由のひとつに「期限がついていた」ことがあったという。

「透は、1年でホストを辞めるといっていた。1年たったら、夜の街を上がって、クリーニング屋さんか花屋さんをやって。お花をホストクラブに卸して、のほほんと暮らすって」〝その日〟を目標に、エミカさんは頑張った。だが、その約束が履行されることはなかった。

透さんが約束を破ったことによって、2人の間には亀裂がはいった。しかし、エミカさんは「今までのようには頑張らない」ということで折り合いをつけ「月平均200万円くらいしか使わないようにした」という。

その頃、エミカさんの出演するAVが中国で爆発的な人気となったことでそれまでのAVとパパ活に加え中国人の方を接待する「中国人案件」を受けるようになり、「容易に稼げるようになってしまった」という。案件では、香港までならば、日帰りで行き、タイには月に2、3回行っていた。

「海外にいくのは、お客さまがいるからです。たった1人のお客さまに会いに行くだけなんですけど、滞在時間3時間ぐらいなので、移動時間のほうが長い（笑い）。その3時間で100万円とか貰っていた。300万円くらいは、結構余裕で稼げちゃってたんですよね。24とか、25歳くらいのときですね。

風俗って、やっぱり、お客さん1人に、1時間ついて2万円とか、デリヘルだと、さらに安価な世界じゃないですか。私には、すごくそれが屈辱的というか、自分の価値が目に見えて下がってるって思ってしまって、嫌だったから、風俗には行かなかった。だけど〝中国人案件〟だと、お客さんに呼ばれたら、お客さんは、1時間で20万円払うんです。しかも実際は、1時間も一緒にいない。だいたいこういう（リッツ・カールトン東京）ホテルに呼ばれて、エージェントから、『今日何々さんだからよろしく』って部屋を指定されるんです。一応英語で会話をするのですが、お互い、そこまでしゃべれないので、コミュニケーションは取るんですけど、そんなに長くは続かないので、することだけして帰る（笑い）」

最初はまったくできなかったという英語も、外国のお客がメインとなってきたため、必然的に学ぶこととなったという。

そうして稼いだお金を、透さんのお店で使う。売り上げとナンバーを上げた透さんは、自信をつけて、ますます光り輝いていく。透さんとエミカさんの2人は、そうやって、二人三脚で走ってきた。共に、稼ぎも美貌も突出していた2人は、歌舞伎町では、誰もが羨(うらや)む〝カッコいいカップル〟だった。

歌舞伎町ネバーランド

しかし現在、2人は関係を解消している。原因は、「コロナ禍」だ。歌舞伎町という街は「新型コロナウイルスの感染拡大」に襲われて「悪の拠点」と名指しされながらも、ある種、たくましくも、しぶとくも「通常運転」を続けているように見えた。しかし、まったく予想もつかないところに影響を与えていたのだ。

「'19年に、海外案件が増えてきたから、これはもう、英語ができなきゃダメだと思って、香港に留学したんです。そうしたら、留学中にコロナの流行がきて……。ちょうどその頃、運悪く透はホストを辞めて、自分で新しい店舗を出したばかりだった。店を開けることができなくなり、店の維持費どころか、従業員に給料を出すことも厳しい状態となっていたんです。

私は渡航制限がかかる直前に帰国することができたんですが、久々に、透からきた連絡が『帰ってきたら何をしよう』とか、『どこに行こう』とかいう建設的なものではなく『お金を貸してくれ』だったんです……」

エミカさんにとって、あんなに輝いていた透さんが、くすんで見えた瞬間だった。だが、彼女は何もいわず、お金を貸した。その後も透さんからは、発展的な話題があるわけではなく、いつも「コロナの愚痴」か「店の経営が大変だ」ということばかり。

自分が日本ではなく、もう海外に目をむけていただけに「歌舞伎町」しか見えていない透さんのことを、エミカさんは、いつしか「小さい……」としか思えなくなった。

ほどなくしてエミカさんから別れを切り出すと、透さんはかなり驚いた様子だったというが、力なく「わかった」と受け入れたという。

エミカさんが言う。

「透とは、本当は結婚したかったんです。私は来年で30歳になります。小さい頃から30歳で結婚するって漠然ときめていた。透は、私に、内縁の妻としてカードも作ってくれていたし、一緒に住んで、生活費も全部もってくれていた。でも〝結婚する〟って話していたのに、じゃあ、入籍は？　とか式はいつ、どこでとか、具体的な話が彼の口から出ることは、最後までありませんでした。

透には正直、億はつかったと思います。でも、後悔は一切していません。むしろあるのは、感謝ですね。私、自己肯定感がめちゃくちゃ低いんですよ。出会った頃の透は、自信とプライドのカタマリで、よく私に『俺についてきたら、俺が見ている光景を、エミカに見せてあげる』と言っていた。私も、透が見ているキラキラした光景を一緒に見たかった。彼がいる場所に並びたかったんです」

現在は別れてしまった2人だが、今でも、友人として仲良く付き合っているという。

「透がいたことによって、私は自分が思っている以上に稼げることがわかったし、自分が想像していた以上の自分になることができた。透と同じ世界を見ようと思わなければ、こんなには頑張れなかったと思う。言葉は悪いけど、私は、透を踏み台にしてステップアップしたことは事実です」

そして、エミカさんは「歌舞伎町」を、こう総括する。

「歌舞伎町って『女のコのための街』ではあるんですが、女のコのほうが街からの卒業が早いんです。歌舞伎町にいると、自分が何歳だかわからなくなる。時間の感覚が無くなって、今がずーっと続いているような錯覚に陥るんですよ。でも、女のコは、鏡を見て、年を重ねて顔が変わってきたことが気になりだしたり、年齢とかも『はっ！　来年で30歳だ！』とか、時間の経過に気が付くんですけど、男のコのほうは、なかなか気が付かないんですよね。

男のコは、女のコと違って、歌舞伎町が合うコはずっと、この街にいることができる。ホストクラブは大抵、グルダンや、冬月グループや、エアーグループ、などグループがあるから、自分の年齢に合った店に移籍できたり、系列の飲食店にジョブチェンジしたりして、気が付いたら40歳、50歳になっていたなんてことは普通にあります。グループ内や歌舞伎町での地位が確立できれば、他のグループから声がかかることもあり、ずっと中に居られるから、男のコたちは、自分のためにお金も時間も体力も使ってくれている『隣にいる女のコ』よりも、先輩やライバルとの関係を優先する。そんな姿を見てると女のコは、冷めちゃうんですよね。それも、女のコのほうが早く街から出る理由になっていると思います」

そういえば、童話『ピーターパン』でも、ウェンディは、ピーターパンに誘われてネバーランドに行ったものの、ずっと子供のままでいられないことに早々に気付いて、ネバーランドを立ち去る。取り残されたピーターパンもまた、男のコだ。

私の感傷をよそに、エミカさんは笑う。

「私の歌舞伎町卒業ですか？　うーん、透と別れて、歌舞伎町はもういいかな、と思ったんですが、友達とホストに遊びに行くと、やっぱり楽しいんですよ。ですから、完全な〝卒業〟は、もう少し先ですね（笑い）」

「歌舞伎町でも、命は軽くなんてないんだよ」

エミカさんから「お話ししたいことがあるんです」と連絡があったのはリッツ・カールトンでの取材から1年後の’22年4月。ねねさんの2度目の自殺未遂のすぐ後だった。

所謂「ホス狂い」でもなければ、現在、歌舞伎町にハマっているわけでもないエミカさんが私に「話したいこと」とは何なのだろうか。

歌舞伎町のうなぎ屋で話を聞いた。

エミカさんは、うなぎの串焼きを前に、大好きだという「山崎」のハイボールを飲みながら、ゆっくりと話し始めた。

「ホストにハマる子って、死ぬ、死ぬ、と言っているけど、でも、実は死なない、って子が多いと思われがちじゃないですか。でも、本当に死んじゃう子がいるんだって。それは『当たり前の事』や『ありふれた事』ではなく周囲に大きなダメージをあたえる。それを、どこかで報じてほしいって、思ってたんです」

ねねさんのことが頭をよぎった。彼女には独特の明るさがあり、自らの経験のすべてを「ネタ」にしている部分もあるため、どこかで、何があっても、なんとか生還してくるのだろう、と思っていた。エミカさんに、痛いところをつかれた気がした。

ハイボールのお代わりを頼んだエミカさんが続ける。

「以前、私の元カレが経営していた店に、ものすごく売れているナンバーワンホスト・タツキ（仮名）がいた。タツキは、話もうまい上、ルックスもノリもよく、さらに酒豪というホストとしてはパーフェクトに近いスペックで、とにかく人気者だったんですけど、〝色恋営業〟の〝本営ホスト〟だったんです」

タツキくんのことは、私も知っていた。長身で生田斗真似のイケメンであるカレは、関西弁のトークも小気味よく、人気者特有のオーラを放っていた。イベントが打たれているわけでもない、なんていうことのない平日の夜に、タツキくんの被り客の数卓では、競うかのようにシャンパンがポンポン開けられていたことを覚えている。

「タツキは、色恋営業を隠すことなく、当時は、3人のエースと同時に交際をしていました。そのうちのひとりは、私の親友・千佳（仮名）です。もうひとりの〝彼女〟マミちゃん（仮名）は、私も、顔見知りだったけど、まだ話したことはなくて、千佳とか、私の当時の彼氏から『マミちゃんがエミカと話してみたいといっているよ』とだけは、聞いていました」

不思議な関係ではあるが、複数の中のひとりであるとわかっていながら、いや、わかっているからこそ、自分がカレの「彼女」であるならば、他のホストの「彼女」の話を聞いてみたい。そして、今自分がおかれている状況は異常なことなのか、それとも「ホストの彼女」であるならば、当然のことなのか、確認したい、ということなのだろう。マミさんは、まだ20代前半。黒髪のボブカットがよく似合う、小柄で細い、大人しい子だったという。エミカさんは、彼女が会いたがっていると知りながらも、機会もなく、そのままにしていたという。そのうちに、どんどん、マミさんには変化が起きてくる。

「ガリガリに痩せてきて、いつの間にか店にもこなくなったんです。どうしてるかなって、タツキも心配していた。お前のせいじゃん、と思いつつも、ある日、千佳が他の店でマミちゃんが飲んでいる場に遭遇した。千佳はよかれと思ってタツキに『彼女、●店にいたよ！元気そうだったよ』と伝えたところ、タツキが激昂したんです」

通常であれば、連絡が取れなかった自分の〝彼女〟が、よそで元気に飲んでいたということを知れば、ひとまず一安心と、胸をなでおろすことだろう。しかし、タツキは売れっ子ホストのプライドもあってか〝自分の女〟であるはずのマミさんが「自分の店ではなく、他の店で別のホストと飲んでいた」ことに激怒した。

その後、タツキは、マミさんからどんなに連絡があっても完全無視。彼が無視を決め込んでいる間に、周囲はマミさんと再度、連絡が取れなくなっていた。周りにも「なんとかしたほうがいい」と再三言われ、さすがに心配になったタツキが、ある日、マミさんが暮らす部屋を見に行くと、彼女は、すでに冷たくなっていたという――。

「マミちゃんは縊死でした。亡くなった場所は、彼女のためにタツキが借りていた部屋。カレとの思い出の部屋で、彼女は自ら最期を迎えたのです。タツキはそのあと、ホストとしての営業が一切できなくなってしまった。お客さんに連絡を取ることすら拒絶反応が出るようになってしまい、代表まで務めていた店も辞めざるを得なくなり、今では系列店で『内勤』として働いています」

マミさんの死にショックを受けたのは、タツキだけではない。

「タツキにマミちゃんが他の店で飲んでいることを伝えた千佳は、自分のせいだ、と毎日自責の念にとらわれ、私が、そんなことないよ、と何度言っても、自分を責め続けるだけでした。ついには、働いていた店も辞め、歌舞伎町を去り、日本も離れ、祖国の韓国へ帰りました」

「会いたい」とあれだけ言われていたエミカさんもまた、「なんで一度くらい話を聞かなかったのか」と自分を責める。

「歌舞伎町は命が軽い、とか、自殺が多いとか。歌舞伎町ではすぐ人が飛び降りる、と簡単に語られることが多いですが、実際は違う。亡くなった子と、その家族だけじゃなく、まわりの人生も、すべて変えてしまう。カジュアルなリスカとか、ファッションとしての自殺未遂とかの果てに、本当に死んじゃう子がいるって。歌舞伎町でも、命は軽くなんて、ないんだよって」

そういうと、エミカさんは、私と話している間に氷が溶けて薄くなったハイボールをぐっと飲み干した。

エミカさんに「〝ホス狂い〟って、なんだと思います?」と率直に聞いてみた。

すると、エミカさんは迷うことなく、「月の収入の半分以上を使っているかどうかですね」と即答した。

1月に200万以上など、金額の問題ではない。夜職でも、昼職でも、自分の月収の半分以上をホストクラブに使っていたら、それは「ホス狂い」だというのだ。

「月収ってホストだけじゃなくて、家賃とか、食費とか、交通費とか、生活を維持するための出費があるでしょう？　それに、夜の店に行くからには、美容院や、化粧品代、それなりの服も必要です。自分にかけるお金をきりつめて、ホストについやし、生活も乱れるようであれば、それは、他の人から見て少額であっても『ホス狂い』ですよね」

最後に、エミカさんは、ふと、つぶやいた。

「『ホス狂い』の子の末路ってどうなるんですかね。ホス狂いの行きつく先はどこなんでしょうか。

千佳は、歌舞伎町から足を洗って、祖国へと帰りました。その時に『エミカはいままで水商売しかしてきていないけど、今後どうするの』と真顔で聞かれたんです。私も、水商売の水しか飲んできていない。〝ホス狂い〟のコたちもそうですけど、このまま年を重ねて行く、〝私の末路〟っていうのもどうなんでしょうね？」

私は、何も答えることができなかった。ただ、この街の女のコたちが望むであろう何もかもを手にしたかにみえるエミカさんから「末路」という言葉が出たことに少なからずショックを受けたことは確かだ。

再び「歌舞伎町ホスト刺殺未遂事件」

「歌舞伎町では何かしら事件が起きると、女のコが悲劇のヒロインみたいになるけどさ、本当の被害者は男のコなんだよ」

そう話すのは全国紙の社会部担当記者だ。

「警察担当として新宿署につめていた頃、よく刑事が言っていたことが『歌舞伎町で起きるホストがらみの男女の事件での本当の被害者は男なんじゃないか』ということ。女性は、さんざん大騒ぎするくせに、むかついたら、すぐ、他のホストクラブに行ったりする。そのことを責めると〝DV〟〝モラハラ〟と言われる。〝ここまで振り回されて、ケアもしてきたのに、この仕打ち…〟って、思わず手を出すと、そりゃ、逮捕される。『歌舞伎町では今、男のほうが病んでいる』って」

「ホスト刺殺未遂事件」発生当初、実際、歌舞伎町のホストたちはどうこの事件を受け止めているのかを、複数のホストたちに聞いたことがある。

すると、歌舞伎町でも名前の売れているカリスマホストは、こともなげにこう話すのだ。

「近いことはザラにありますが、明るみに出ず、事件化することはほとんどありません。この前もある人気ホストが、お客さんと揉めた末に今回のように包丁で刺され、相当な大怪我をしたのですが、被害届は出さなかった。理由を聞いたら『女の子が罪悪感で、もっと太い客になって戻ってくるから』というんです」

聞けば、刺されたのは、名前を聞けば歌舞伎町内で誰もが知っている大手有名グループの中でもつねにランキング上位をキープしている有名ホストAくん。エースである〝本カノ〟と一緒に住む高級マンションで、他の客と浮気している現場を押さえられ、思いっきり刺されたのだという。

「彼女は本気で殺しにかかっていたそうで、『心臓にむかってピンクのセラミック包丁を振り下ろしてきたので、慌てて腕でガードした』と言っていました。包丁は腕を貫通し、脇腹にまで刺さった。彼の体には今でも、腕と脇腹に、大きな傷痕が残っています。でも彼は訴えるどころか、被害届さえ出していないという。彼に〝どうして？〟と聞くと、〝だって、救急車を呼んでくれたんだもん。優しい子だから〟と言うんです」

ちなみに、刺した彼女と浮気相手の女性は意気投合。Aくんが救助されたことを見届けると、２人でなかよく出かけて行ったという。その後、〝刺した彼女〟はＡくんと当たり前のように復縁し相変わらず、Ａくんのエースとして、彼の売り上げを支えている。Ａくんは「慰謝料以上のものはもらった」と笑いながら話していたそうだ。

歌舞伎町に留まらざるをえない彼らにとって、刺された後も生活は続く。それは琉月さんも同じだ。

歌舞伎町で生き残るためなのだろうが、琉月さんが見せていたどこか自暴自棄な様子は、ずっと気になっていた。

'22年2月。琉月さんの、23歳のバースデーイベントが開催されるという。お誘いを受けた私は、琉月さんが勤務する『Servant of EVE』へと向かった。

店には看板も出ておらず、本当に営業しているのかと、不安になったが、エレベーターで店舗の入る地下1階へ降りると、入り口の外から扉にかけて、紫色とシルバーの、大量のハート型のバルーンで飾り立てられていた。

若干驚きながらも、入店すると「いらっしゃいませ!!」と、相変わらず野太い声で出迎えた従業員一同は、琉月さんの先輩も幹部たちも隔てなく、全員、琉月さんの「イメージカラー（本人談）」である、紫色のトレーナーを着用している。

店内も、紫のバルーンでデコレーションされ、一角には、琉月さんの顔が大きくプリントされた「オリジナルシャンパン」が飾られている。ここは、すべて、琉月さんによる、琉月さんと、そのお客さんたちのためだけに作り上げられた空間のようだ。

店内は満卓で、テーブルの上に、「シンデレラ」や「テディ」「カミュ・ブック」などの高価な飾りボトルをおく女のコや琉月さんのオリジナルボトルにそのまま口をつけラッパのみをする女のコなどさまざまだ。ちなみに彼女がのんでいるオリジナルボトルは、お酒が飲めない琉月さんのための特注品で、ノンアルコールでありながら11万円（税・サービス料別）の高級品である……。

その日の主役である琉月さんは、紫色のトレーナーで統一された従業員たちの中で、一人、細身の黒いスリーピースのスーツでキめ、めまぐるしく、卓の間を飛びまわっている。入店してしばらくして、私の卓につくと「来てくれてありがとうございます。今日は、シャンパンタワーを建てたんだよ」と嬉しそうにいう。だが、店内を見回しても、どこにもタワーは見当たらない。「どういうこと？」と聞くと「本当は、みんなから見える、お店のど真ん中に建てたかったんだけど、その場所だとタワーが大きすぎて、通路が埋まっちゃうから、移動できなくなっちゃって、店内が半分、使えなくなっちゃうんだよ……」とはにかんだ。

そうして、見せてくれたタワーの写真は確かに店の奥に建っていた。大小3基のタワーは、紫と黄色、青で彩られ、推定350万はするだろうと思われる、ゴージャスなものだった。だが、彼自身が言うように、店の規模に対しては大きすぎるため、VIP席以外の客席から見ることはできない。ホストとしては進化をとげながらも、そのあたりの若干のツメの甘さが、琉月さんらしいな、と、少しほほえましくも感じた。

基本的に店内はほぼ、琉月さんのお客さんだ。あちらこちらで、シャンパンがあけられ、シャンパンコールが起きると、琉月さん以外の従業員も、みな、その卓へと駆り出される。すると、卓に取り残された姫たちはコール中、皆、同じように、コールには一瞥もくれず、自分のスマホをのぞき込むのだった。

タワーを建てた琉月さんの「エース」の姿は、通常の卓からは見ることができない、一番奥の席にあった。

彼女がお手洗いに行く時に、ちらりとその姿が見えた。小柄で「地雷系」といわれる黒いゴスロリ様の服に身を包んだ彼女は、先導する琉月さんのスーツのすそをちょこんと握り、恥ずかしそうな、しかし、高揚しているような、恍惚としているような、なんともいえない表情で、カレのあとをしずしずと歩いていく。他の「被り客」の見守る中、あのスーツのすそを摑むために、彼女はいくら支払ったのだろう、と考えてしまうことは、野暮だろうか。

翌日の朝、目を覚ますと、琉月さんからは「成長した僕を観てくれてありがとうございます」とのＬＩＮＥメッセージが届いていた。

琉月さんのスーツの裾を、大事に扱わなければいけないもののように、そうしなければ壊れてしまう宝物のように、そっと握っていた女のコ。その姿を見た時、どうしても頭をよぎったのが高岡の存在だ。彼女も、また、タワーを建てたあのコのように、琉月さんが、何よりもまさる特別な存在だったのだ。自分自身の人生よりも――。そんな彼女は何を思っているのだろうか。

歌舞伎町から遠く離れて

’21年8月29日。この日は前日までの晴天続きが一転し、薄曇りで、時々、雨がパラつく、じっとりと蒸し暑い日だった。

高岡の実家は、2年前と変わった様子はない。相変わらず、家の周りはキレイに掃除され、玄関前には銀色のママチャリが3台、並んで停められている。

午後4時すぎ、高岡の実家と隣家との境となる砂利の敷かれた細いスペースに、50過ぎの女性がうずくまって、草取りをしている姿が見えた。女性は、こちらに気が付くと、「どうしました？」「何か御用でしょうか？」と声をかけてきた。こちらを見た女性は、はっきりとした目鼻立ち。黒髪を後ろで一本に結び、口調には中国語のイントネーションがまざっている。

「あの……高岡さんですか？」と聞くと、にっこりと笑って、「そうです」という。

「高岡由佳さんのお母様ですよね。私はお嬢さんの件について取材をしているもので……」と切り出すと、困ったような表情になりながらも、しかし、笑顔で「ごめんなさいね」という。それでも、こちらが、歌舞伎町には、今でも、ホストとの関係を思いつめている女性がたえないことについて知りたいなど、畳みかけるように問いかけると、やはり、困ったような笑顔で、「ごめんなさいね」というのだった。

高岡の母は、2年前とは打って変わった様子で、声を荒げて質問を遮ることもなければ、部屋に駆け込むこともない。草取りの手を止めることなく、ただ、笑顔で「何も話せないの」「ごめんなさいね」と繰り返すばかりだ。あまりにも、「ごめんなさい」と繰り返すので、「あの、むしろこちらがごめんなさい。急にこられて、いやな気持にさせてしまいましたか?」と聞くと、首をふって「ううん、それはないよ」という。最後に、「由佳さんは、今、元気にしてますか」と聞いたが、やはり困った笑顔で「ごめんなさいね」と繰り返すのだった。

2年ぶりに会った高岡の母は、ずいぶんと雰囲気が変わっていた。

初公判の際には、母親も出廷し、たどたどしい日本語で、ひとりっ子の高岡を育てたことや反抗期の娘を叱りすぎて家出をしたこともあった。だが、事件によって、家族の絆が一層強まったというエピソードを号泣しながら語り、本人も、拘置中は父が週2回、母親が週に3回以上、拘置所に面会に来てくれたこと、両親が示談金の500万円を用意してくれた上「あなたの将来のために用意したお金だから返さなくていいよ」と言われたこと。そして、「この罪が親の罪であるはずがないのに、どんなに自分が苦しくても絶対に母に楽をさせてあげられるよう、母と一緒にいようと思いました」と、現在の両親への思いを吐露したのだった。

雨降って地固まるといったら不謹慎だろうか。高岡の母親は、何かもう、吹っ切れたような、悟ったような佇まいだ。事件のことも、すべてを受け入れ、娘の帰りをただ待っているように思えた。

高岡は公判で、事件発生当初はマスコミが大挙して実家に押し寄せ、心労からか、拘置所で両親に会った時には、2人とも白髪が増えていた、といい面会時には、アクリル板を隔てて、とにかく家族で泣いていたと話した。家族は、そんな「大事件」を乗り越えて、今、〝凪〟の時期を迎えたのだろう。高岡が服役を終え、親元へ戻る時、歌舞伎町で過ごした〝反抗期〟も終わりを迎えるのかもしれない。

「刺されたホスト」からの「卒業」

誕生日イベントから約1月後。琉月さんのインスタグラムのストーリーには「埋没しました！！！」との書き込みとともに、ぱっちり二重へと施術した琉月さんの画像があげられていた。同店の従業員はよく、彼の「トレードマーク」といえば、韓流スターのようなその涼し気な奥二重にあると話しており、私もそうだと感じていたため、ずいぶんと思いきった「工事」をしたことに驚いた。画像の琉月さんの瞼は、施術直後ということもあり、腫れあがった上に、内出血も目立つ。

そして同じ日の夜、琉月さんは「初ルイ」と、店内価格で推定350万円から400万円はするであろう「ルイ13世」という超高級飾りボトルを入れてもらった、と写真とともに報告していた。

現在の琉月さんは、瞼の腫れも落ち着いたパッチリ二重に、歌舞伎町のカリスマホストたちと同じように、プラチナブロンドに染め上げた髪をセンターわけにして、「歌舞伎町・量産型売れっ子ホスト」のスタイルとなっている。花道通り入り口を飾るカリスマホストたちの巨大看板にまぎれていても違和感がなさそうなその姿に、初対面の時の会話もおぼつかなかった面影はない。同年代の会社員の年収に匹敵するような額のタワーを建て、「ルイ13世」を入れる「エース」の客も摑んだ今、彼はもう、「刺されたこと」を売りにする必要はないのだろう。

ホスト復帰後も、「刺された」ことをネタにして、ある意味あの事件に支えられていたようにも見えた琉月さんは「刺されたホスト」であることからも「事件」からも、ようやく卒業したように見える。

だが、それは、歌舞伎町のいちホストとしてのスタートラインに立ったにすぎない。彼はこれから自分のルックスやトーク、そして接客だけを武器に歌舞伎町のホストとしてやっていくのであろうが、それは、また新しい「修羅の道」の幕開けでもある。琉月さんの新しい「エース」たちは、高岡のように、琉月さんのために涙を流すことはあるのだろうか。しかし彼はもう、客に刺されることはないだろう。

エピローグ

「アジール」としての歌舞伎町で紡がれる「物語」

エミカさんは言う。

「歌舞伎町って、町全体にベリーダンスのベールみたいな薄い布が、2枚も3枚も覆っているみたい。それは薄くて、なんとなく外も見えるから、歌舞伎町の中にいると、布の存在にさえ気付かないの。そのベールの中は、独自な時間の進み方をしていて、熟成や発酵するみたいな特殊な進化を遂げている。外に出た私は、やっとその布の存在に気付いた。だから今、それを、そっと外からめくって眺めている感じ。まだ中のコたちは、ベールの存在にも、歌舞伎町がいかに特殊な街かということにも気付かないいんだなって」

高岡の「夢のように幸せだった2か月」という手紙に端を発し、歌舞伎町を歩き、「ホス狂い」たちの話を聞いた私は、今、彼女たちにとって歌舞伎町は、「アジール」なのではないかと感じている。ギリシア語を語源とする「アジール」とは避難所、そして「不可触領域」をさす言葉だ。

いちごチェリーさんは、歌舞伎町にいる時には、夫や舅、その親戚や地元のしがらみからは完全にシャットアウトされ「昭和生まれの人妻おねえさん」に変貌する。

「小さい頃から目立ちたがりやで、女優やアイドルみたいな人前に出る仕事につきたかった」というねねさんは、歌舞伎町通いの理由を「誰かに注目してほしかったからかな」と明かした。

彼女には、帰る家もあり、自分を心配する父もいる。まだ若く、どこで生活することも、何の職業につくことでもできるだろう。だが、それは20代半ばの「普通の女のコ」になることと同義だ。しかし「特別な存在になりたかった」というねねさんは、この街にいる間は、彼女が幼い頃からなりたかった「光輝くお姫様」になることができる。

ここは、彼女たちにとっての「不可触領域」なのだ。最初に歌舞伎町に足を踏み入れた時、歌舞伎町は「結界が張られているみたい」と思った。それはそうだ。この街は避難所であり、駆け込み寺でもあるのだ。

いちごチェリーさんは、良人くんやキラオくんら、ホストたちの話を、地元の友人にはもちろん、同じ「ホス狂い仲間」には話さない。「ホス狂い」を夫に告白した際、「実にありふれた話だね」と言い捨てられたという彼女は、歌舞伎町でできた友人たちに、良人くんやキラオくんらへの「恋心」とともに、1年で1000万円以上使った彼らとは肉体関係はなく、ハグどまりだという話をした際、こぞって「それは営業だよ」と心配され、助言を受けたという。

友人たちの言い分はこうだ。「良人も、キラオも、いちごが好意を持っていることを知っていながら、会うのはほとんどお店だけ。『好き』というのも言葉だけ。あなたが嬉しそうに見せる彼らからのプレゼントも、お金を出せば買えるものだし、その見返りに、あなたはどれだけの金額を費やしたの?」

いちごチェリーさんにそう「助言」したのは、地元にいたのでは知り合うことがなかったであろう、歌舞伎町の年若い友人たちだ。

「ホス狂い」の女のコたちには「アイバン（※合番）」というシステムがある。お互いの担当に指名本数や、売り上げをつけるため、それぞれが通うお店に行き合うことだ。彼女たちは担当のために「こんどアイバンに付き合ってください」とSNSにメッセージを投稿し、初対面でも「担当が好き」という共通点で昔からの友人のように仲良くなることもある。いちごチェリーさんも同じように、「アイバン」で新しい友人たちを増やしていった。そんな「同じ属性」だと思っていた友人たちからの「助言」は彼女を傷つけた。

彼女は言う。「私と彼らの〝本当の関係〟を、私たち以外に一体、誰がわかるというのでしょうか。私たちが、どこで何を話して、その時の空気がどんなものだったのか、それは私たちだけにしかわからないこと。誰にも立ち入られたくないし、何も知りもしないで、言われたくないな……って思う。そんな私はまちがっていると思いますか？」

彼女にとって、歌舞伎町のホストたち、とりわけ、1年半という時間と大枚を注ぎ込んだ、良人くんとのことは「2人しか知らない特別な物語」であり、よかれと思っての友人たちのアドバイスは、夫から歌舞伎町での生活を「ありふれた話」とバッサリと切り捨てられたと同じ「痛み」を伴ったものなのだ。

歌舞伎町という結界の奥の、さらなる不可侵領域。そこには「自分」と「担当」しかいない。

高岡と琉月さんのことも、当初私は「いってしまえばホストと客の話ではないか」と思っていた。だからこそ、どうして、あそこまで「幸せ」というのか、本当にわからなかったのだ。

しかし、今改めて考えると、いちごチェリーさんやねねさんと同じように、彼女もまた歌舞伎町という「アジール」の中で、琉月さんとの「2人にしかわからない」物語を紡いでいたのではないか。それは、高岡だけの一方的な主観の物語だったかもしれない。でも確かに、彼女の中にはすべてをなげうってもいいほどの価値がある「物語」が存在したのだろう。

いちごチェリーさんは、「家を出て、早く歌舞伎町で暮らしたい」と繰り返す。ただ夫から離れたい、地元の地縁から離れたいというのだけであれば、八王子でも立川でも、千葉でもいいはずだ。しかし、彼女は「歌舞伎町」にこだわる。それは、歌舞伎町がひとりひとりにとって「物語を作りやすい」街だからなのではないか。ネオンがひしめき合い国籍も仕事も性別も年齢も、あらゆる人々が集まる歌舞伎町を選んだ人たちが集うこの街でひとりひとりが作り出す「物語」には、本人たちにしかわからない思い入れや濃さがあるのだろう。

かつて、俳優の故・丹波哲郎氏は、自身が総監督・脚本を務めた映画『丹波哲郎の大霊界』の中で「地獄に行く連中は自ら進んで地獄に行くのです。地獄が大好きだから――」というセリフを残した。

高岡が初公判で明かしたように、誰にも内緒で「本当に、辛くて、みじめで……」と感じながらも、デリヘルやパパ活で稼ぎ、琉月さんの店に通っていた2か月は、本人にとっては地獄でありながらも、どこか、出るに出られない「ぬるま湯の行水」のように温かな場所でもあったのではないか。ぬるま湯は、そこから外に出れば、浸かる前よりはるかな寒さを感じる。しかしぬるま湯の中にいれば、ずっと温かいままだ。だから傍から見れば、どのような地獄であろうとも、浸かっている人間にとっては、温かく、そこから出ることのほうがよほど〝地獄〟なのだ。

一方で歌舞伎町は、あおいさんや、琉月さん、そして話題をさらった「トー横キッズ」のように、行きたくとも行き着く場所のない人々の、「リアルな避難所」でもある。

家庭に縁が薄く、本来的な意味での「居場所」がなかった彼らを受け止めたのも、また「歌舞伎町」だ。

現在、あおいさんのＹｏｕＴｕｂｅチャンネルの登録者数は10万人を超えている。大嫌いな父や祖父は、歌舞伎町の「〝ホス狂い〟あおいちゃん」の人生に介入することは不可能だろう。

いちごチェリーさんやねねさん、そして高岡のように、家族もあれば、帰る場所もあり、傍から見れば「幸せ」かつ「恵まれた」ともいえる環境にありながらも、すべてをなげうち、この街を選ぶ人たちもいる。彼らにとっては「天国」のような地元や家庭での生活よりも、歌舞伎町での、傍から見たら地獄のような状況でも「自分にとって心地のよいぬるま湯」のほうが幸せだからかもしれない。

ねねさんは現在、実家を出て歌舞伎町の徒歩圏内にマンションを借りている。地元では浮いてしまうだろうねねさんの、ディズニープリンセスのような派手な装いは、この街によく似合っている。彼女は、毎日、自分の好きなファッションに身をつつみ、その夜の「お姫さま」となっている。

いちごチェリーさんは、自ら、家庭、地縁、あらゆるものを捨て、歌舞伎町に飛び込もうとしている。彼女はこの街で、今後どんな「物語」を紡いでいくのだろうか――。

ホストたちから贈られた高価なブランド物のアクセサリーを身につけ、「良人くんからのプレゼント♪」という香水をまとった彼女の後ろ姿は、あっという間に歌舞伎町に溶け込み、残り香だけが漂っていた。

宇都宮直子［うつのみや・なおこ］
1977年千葉県生まれ。多摩美術大学美術学部卒業後、出版社勤務などを経て、フリーランス記者に。「女性セブン」「週刊ポスト」などで事件や芸能スクープを中心に取材を行う。

撮影／田中智久
写真／株式会社南一、ゲッティ・イメージズ

ホス狂い
歌舞伎町ネバーランドで女たちは今日も踊る

二〇二二年　八月六日　初版第一刷発行

著者　宇都宮直子
発行人　川島雅史
発行所　株式会社小学館
〒一〇一－八〇〇一　東京都千代田区一ツ橋二ノ三ノ一
電話　編集：〇三－三二三〇－五五八五
販売：〇三－五二八一－三五五五

印刷・製本　中央精版印刷株式会社

Printed in Japan ISBN978-4-09-825428-6